LOST IN WORK

Amelia Horgan

LOST IN WORK

노동의 상실

좋은 일자리라는 거짓말

어밀리아 호건 지음 | 박다솜 옮김

전환 시리즈 **02** 일

이콘

"일을 뒷받침하는 거짓말을 영리하고 혹독하게 고발한다."

_오언 존스Owen Jones

"매력적이고 흡인력 있는 책 ······ 충분히 열심히 일하기만 하면 누구나 일자리에서 보람을 얻을 수 있다는 널리 퍼진 관점을 바로잡는다."

_『사회주의의 미래Futures of Socialism』의 편집자

그레이스 블레이클리Grace Blakeley

"노동조합 조직가 프레드 로스Fred Ross의 표현을 빌리자면, 어밀리어 호건은 사회적 방화범이다. 이 책은 당신의 세상에 불을 붙일 것

이다. 일이 점점 나빠지고 있다는 걸 우리는 어렴풋이 직감하고 있다. 호건은 이 책에서 일 전체를 불태워버리는 데 필요한 성냥과 불씨를 내민다."

_『일은 당신을 사랑하지 않는다Work Won't Love You Back』의 저자

새러 재프Sarah Jaffe

"마침내 일의 독재에 대항해온 노동계급의 긴 역사를 이해하도록 도움으로써 일터에서의 계급투쟁을 확실히 의제에 올려놓는 책이 나왔다."

_노동당 전 야당 의장 존 맥도널John McDonnell

"훌륭하고 중요한 책. 예리한 정치적 통찰과 미묘한 분석을 결합한 이 책은 노동과 착취를 더 잘 이해하는 것뿐 아니라 자유와 집단적 기쁨의 가능성에도 관심이 있는 이들에게 귀중한 자료가 될 것이다."

_웨스트런던대학의 젠더·기술·문화정치 교수이자

『제노페미니즘Xenofeminism』의 저자 헬렌 헤스터Helen Hester

"일이 우리에게 무엇을 하는지, 어째서 우리의 일을 바꾸는 것이 그 어느 때보다도 시급한지 이보다 더 간결하고 우아하게 표현할 수는 없으리라."

_어터너미 연구소장이자 『포스트 – 노동Post-Work』의 저자

윌 스트런지Will Stronge

"우리 시대 일의 위기를 기민하게 분석했다―일을 새로이 상상해야 한다는 경종을 울린다."

_옥스퍼드올소울스컬리지의 사회·정치 이론 교수이자

『섹스할 권리: 21세기의 페미니즘The Right to Sex: Feminism in the Twenty-first Century』의 저자

아미아 스리니바산Amia Srinivasan

목차

감사의 말

이 책을 쓰는 중 나는 심하게 앓았다. 2020년 3월, 코로나19 바이러스에 걸려 그 해의 대부분을 침대에서 보냈다. 몸을 일으키지 못할 만큼 약해졌고, 무진 애를 써야만 겨우 생각하고 글을 쓸 수 있었다. 내가 이 시기에 병에 걸려 있었다는 것은, 이 책이 한차례씩 쏟아내듯 조각조각 쓰일 수밖에 없었다는 뜻이다. 하루는 몇 문장을, 다음 날은 한두 문단을 썼다. 그래서 이 책은 내가 상상했던 것과 조금 다른 책이 되었다. 그럼에도 불구하고 나는 이 책이 이론의 가능성을, 이론이 할 수 있으며 해야 하는 일의 가능성을 실현하기를 소망한다. 당연하고, 고정되어 있으며, 극복 불가능하다고 여겨지는 것을 꺼내어 그것이 실은 우연적이고, 변할 수 있으며, 극복 가능하다고 보여줄 수 있기를 바란다. 다시 말해 나는 이 책이 행동하기 위해 필요한 가장 근본적인 전제 조건인 희망을 제시할 수 있기를 바란다. 더 나은 일을 위한 희망, 지금 우리가 아는 것과는 다른 일에 대한 희망, 더 나은 세상을 위한 희망을.

병을 앓는 동안 나는 사람들이 얼마나 서로를 보살피고 싶어 하는지 그리고 남을 보살피고자 하는 갈망이 우리 사회가 작동하는 방식에 의해 얼마나 좌절되는지 목도했다. 처음에는 서로 돕고자 하는 움직임이 (인상적일 정도로) 활발했지만 이윽고 구식 패턴이 다시 제자리를 찾았다. 변혁을 일으키려는 집단적 노력은 현실이 되지 않았고, 그 대신 가정 내에서는 여성의 무급 노동을 통해, 가정 바깥에서는 형편없는 처우를 받는 서비스와 물류노동을 통해 확보되는 일상이 이어졌다. 상황이 달라질수록 아무것도 변하지 않았다. 인간이 본질적으로 어떠하다는 주장은 경계해야겠지만, 사람들이 절실히 나누고자 하는 친절과 보살핌을 방해하기 위해 이토록 많은 노력이 필요하다는 건 놀랍다.

이를 염두에 두고, 나를 보살펴주고 지지해준 친구들과 동지들에게, 특히 개브리얼 (컨스탄틴) 메멜, 하림 가니, 후다 엘미, 마사 페로토−윌스, 제니 킬린, 숀 오닐에게 감사를 보낸다.

초고를 읽고 의견을 냄으로써 원고를 크게 개선시켜준 데이지 포터, 프레디 실, 제임스 엘리엇, 제임스 그리그, 조시 개버트−도이언, 올랜도 레이저, 니하 샤, 로버트 메이지, 사라 페이시, 샘 돌베어, 스테판 블레이니, 특히 로나 핀레이슨에게 특별한 감사를 보낸다. 오류나 누락이 있다면 전부 내 잘못이다.

인내심과 세심한 편집 그리고 책을 쓰는 내내 보내준 응원에 대해 네다 테라니에게도 감사한다.

그리고 리처드, 당신의 모든 게 고마워.

" 거의 언제나,
우리는 일자리가
우리를 필요로 하는 것보다
더 일자리를 필요로 한다.
일터에 들어가는 것은
자유가 아니며,
일터에 있는 동안
우리 시간은
우리의 것이 아니다. "

서문: 일의 환상

일이 점점 나아지리라는 마음 편한 진보의 서사가 있다. 끔찍한 일자리가 존재했던 나빴던 과거는―아이들이 탄광에서 일하고, 노동자들이 면직 공장에서 착취당하고, 일터에서 부상을 당하고, 상사가 잔인하게 굴던 과거는―끝났다는 서사다. 여기서 오늘 우리에게 유일하게 남겨진 일의 문제는 자신에게 알맞은 직업을 갖지 못한 사람이 있다는 것 또는 특정 집단―여성, 유색인종, 장애인―이 특정한 유형의 일자리에 접근하지 못하도록 막는 장벽이 있다는 것일 테다. 그러나 많은 이들에게 있어 현시대 일의 현실은 다소 다르다. 진보의 서사를 반증하려면 제일 먼저 세계에 여전히 위험한 일이 존재한다는 사실을 들 수 있다. 극도로 위험하고 심하게 착취적인 추출산업은 대부분 남반구로 옮겨갔으나 북반구에서도 일로 인한 건강 악화와 나쁜 근무조건이라는 문제가 지속되고 있으며, 독재적인 상사가 직원에게 제멋대로 권력을 행사하는 경우도 많다. 2018 – 2019년 두 해 동안 영국에서 일과 관련된 건강 악화에 시달린 노동자의 수는 140만 명 이상이었다.[1] 일을 하다가 병을 얻는 사람의 수는 몇 년째 감소세이긴 하나, 2008년 금융위기 직후에 잠시 증가했고 그 이래 정체중이다.

　　코로나19 위기로 우리는 일터에서 건강을 잃을 위험성이 누구에게나 같지 않다는 사실을 알게 되었다. 국민보건서비스National Health Service: NHS의 노동자들이 개인보호장비 부족, 긴 근무시간, 무례할 정도의 저임금에 시달리고 있다는 사실에 대해서는 응당한 비난이 쏟아졌지만, 별로 보호받지 못하는 서비스 부문의 저임금 노동자들이 처한 위기는 덜 이야기되었다.[2] 그 이유의 일부는 고용주들이 일종의 은폐를 했기 때문이다. 일터가 아닌 지역사회에서 이루어졌다고 판단하는 감염에 대해서는 보고하지 않아도 된다는 허점을 활용해, 고용주들은 직장 내 코로나19 감염 사례를 직장 내 감염으로 보고할지 여부를 사실상 스스로 결정할 수 있었던 것이다.[3] 이는 특히 식품 가공 부문에서 문제가 되었는데 언론보도에 의하면 코로나19 감염 사례가 적어도 1461건에 사망도 6건이나 있었으나 공식 보고는 감염 47건, 사망 0건에 불과했다.[4] 어느 식품 가공 공장에서는 노동자들이 병가를 낼 경우 잉여 인력으로 취급받을 각오를 하라고 협박을 받는다는 사실이 비밀촬영을 통해 밝혀졌다. 콜센터의 상황도 비슷한데, 다른 일터들이 문을 걸어 잠그는 동안에도 콜센터 노동자는 계속 출근해야 했으며 심지어 그 이유는 채권추심이나 새 핸드폰을 판매하는 등 '필수'가 아닌 업무를 위해서였다.[5] 위험한 신종 바이러스에 맞서 집단으로 살아남는 것은 어려운 일이지만 회사의 이익에는 필수였을지도 모르겠다.

위기의 첫 단계에 노동자들이 서로 크게 다른 수준의 위험에 노출되어 있다는 사실이 드러났다. 일부는 재택근무를 할 수 있었다. 재택근무도 불편하고 어렵기야 하지만, 재택근무가 불가능한 다른 이들은 치명적 위험성을 지닌 바이러스에 노출될 것을 감수하는 것 외엔 선택지가 없었다. '필수 인력'과 '핵심 인력'의 수사법으로 가장된 진실은, 대면 업무를 계속해야 했던 이들이 상식적으로 '필수'로 여겨지는 업무를 하는 사람들만은 아니었다는 것이다. 전체의 절반이 조금 넘는 노동자들이 계속 출근했다. '필수'라는 단어는 슈퍼마켓 진열대 담당자나 간호사와 의사의 이미지를 연상시키지만, 현실에서는 실제로 문을 닫은 소수의 부문을 제외하고는 고용주가 필수 업무 여부를 자의로 판단했다.[6] 가게들이 다시 문을 열었을 때, 소매점 판매원의 사망 위험성은 남성 평균보다 70%, 여성 평균보다 65% 더 높게 나타났다.[7] 요컨대 바이러스는 사람을 차별한다. 영국처럼 불평등이 심한 사회에서는 같은 건강 문제라도 크게 상이한 조건에서 경험되곤 한다. 이런 차이는 결코 덜 중요한 게 아니다. 병에 걸릴 가능성과 중증도 자체가 조건의 차이에 달려 있기도 하다. 서로 다른 노동자들이 각자 다른 정도의 위험성에 노출된 상황에서, 구조적으로 위기에 처해 있는 이들은 병에 걸리거나 사망할 가능성이 더 높아진다. 특히 직업으로 인한 바이러스 노출과 빈곤, 인종차별이 결합된 결과 코로나19로 인한 흑인 사망률은 백인 사망률의 거의 두 배에 달했다.[8]

코로나19는 일이 점점 나아지고 있다는 속 편한 생각에 의문을 제기했고, 새로운 나쁜 일들이 널리 퍼져 있음을 드러냈다. 이를 어려운 입장에서 체감하지 않는 이들은—부유한 자들, 노동계급과 달리 노동임금에 의존하지 않는 자들 그리고 계급·젠더·인종·지역에 따른 격차가 상당하긴 했어도 저임금 또는 저보호와는 거의 무관했던 시대를 살아간 나이 든 세대는—반쯤 잠든 채로 환상의 세계에 거주한다. 이 세계에선 폭정을 휘두르는 상사와 빈곤급(생활을 유지하는 데 필요한 최저 수준의 임금인 생활급living wage에 미치지 못하는 수준의 임금—옮긴이) 그리고 형편없는 근무조건에 문제를 제기했다가 해고당하는 것이 과거에나 있었던 일 또는 다른 곳에서나 일어나는 일이다. 이 세계가 스스로에게 들려주는 이야기는 이런 식이다: 일자리를 얻는 건 비교적 쉽다—잘 나가는 회사 어디에든 이력서를 제출하면 된다! 일단 직업을 구하면 월급으로 월세를 안정적으로 낼 수 있다. 나쁜 일이 일어날 가능성은 낮다고 믿어도 된다. 만일 나쁜 일이 일어나더라도—예를 들어 병에 걸리거나 직장에서 재해를 당하더라도—법에 의해서든 고용주의 선의에 의해서든 보호받을 것이다. 특별히 마음 내키지 않는 일을 하면서 몇 년을 보내야겠지만, 기다리면 결국 진짜 즐기는 일을 할 날이 올 것이다. 또는 그러지 못하더라도 상관없을 정도로 연봉이 높아질 것이다.

현실은, 한때 프린터에서 갓 나와 따끈따끈한 이력서를 들고 잘 나가는 회사들이 모인 동네를 한 바퀴 돌면 얻을 수 있었을 유형의 일자리에 이제 수백 명이 지원하고 있다는 것이다. 좋은—다시 말해 급여가 괜찮고, 안정적이며, 보람 있는—일을 찾을 가능성을 빼앗겼음에도 그에 대한 믿음이 지속되는 이유로는 몇 가지가 있다. 그중 첫째는 많은 이들이 이 문제의 규모와 성질을 체감할 수 있는 현실을 접하지 못한다는 것이다. 이번 세기를 지배한 경기 침체로 영국에서 노동시장의 양극화가 일어났기 때문이다. 중산층은 해체되었고 중간 수준의 연봉을 주는 직업도 사라졌다. 파트타임이나 가짜 자영업(법적으로는 직원으로 간주되며 직원에 준하는 권리와 혜택을 누리지만, 사측에서 자영업으로 등록하도록 권유한 경우)이 높은 비율을 차지하는 저소득 직업들이 밑바닥에 깔린 반면, 상층에서는 고소득 직업의 수가 늘어나고 있다.[9] 이런 양극화가 영국 전역에서 균질하게 일어난 건 아니다. 잉글랜드 남부의 일부 지역, 특히 런던의 불평등과 노동 양극화는 세계 어디서도 찾아볼 수 없을 만큼 심하다.[10] 한편 과거에 복지국가에서 제공되었던 보호장치들이 잇따른 정권에 의해 파괴되거나 약화되었다. 전에는 보편적이었던 복지 혜택에 점차 조건이 붙었고, 수령할 수 있는 혜택이 양적으로 줄었으며, 공공서비스가 감소했다. 그러나 새 복지 시스템을 경험하거나 약화된 공공서비스를 이용해본 적이 없는 사람들, 직급이 높아서 0시간 계약(정해진 계약 시간 없이 고용주가 원할 때 일하는 노동 형태—옮긴이)이나 임시직을 경험해보지 않은 사람들 또는 은퇴해서 직업

시장을 떠난 사람들은 현재의 직업시장이 얼마나 나쁜지, 사람들이 얼마나 순식간에 호되게 뒤통수를 맞았는지 전혀 이해하지 못한다. 그들은 오로지 '표준 고용'의 시대라고 이름 붙여진 시대를 기억하거나, 아직 그 시대에 살고 있을 것이다. 표준 고용이란 종료일이 정해지지 않고 계약으로 묶인 정규직 일자리, 계약조건이 명시된 일자리, 고용인과 피고용인에게 상호 책임이 있으며 그것이 노동조합에 의해 집행되는 고용 형태를 말한다.

그러나 표준 고용은 역사적으로 일종의 이례였다. 노동조합이 싸워서 얻어내고 사수한 고용조건을 명시하는 법적 장치가 도입되기 전에, 고용주에게는 자의적으로 직원을 고용하고 해고하고 노동시간 등을 정할 수 있는 큰 권력이 있었다. 영국에서는 표준 노동으로 계약된 노동자가 다수를 차지하나, 표준 고용으로 진입하지 못하는 이들도 많다. 청년, 유색인종, 이민자, 여성이 일하는 경향성이 높은 부문은 임시 계약, 0시간 계약, 도급 또는 가짜 자영업을 활용할 가능성이 더 높다.

이런 (점점 더 정상이 되어가는) '이상異常' 계약은 고용주에게 더 많은 권력과 유연성을 주고, 국민보험, 병가, 출산휴가와 같은 비용을 감면시켜 주고, 노동자를 더 쉽고 저렴하게 해고할 수 있게 해준다. 0시간 계약이나 수요에 따른 노동에는 유연성이라는 장점이 따르지만, 그 유연성은 대개 노동자보다 고용주에게 이득이다. 일을 요구받을 때만 일한다는 것은 일에 대한 수요가 없을 때에는 근무 스케줄을 받지 못한다는 뜻이다. 이는 또한 통제의 시스템을 낳는다. 예를 들어 정해진 시간에 아이를 픽업해야 하는 등 업무 외에도 할 일이 있는 노동자들이 있다. 이런 상황에서 근무 스케줄을 오로지 관리자와 상사의 손에만 맡긴다는 것은 곧 특정한 (때론 과도한) 업무 목표를 달성하지 못하거나 근무조건에 대해 불평하는 노동자들이 자신에게 맞는 스케줄을 받지 못한다는 뜻이다.[11] 0시간 계약은 영국 전체로 보면 계약의 대략 6%를 차지하지만, 사무와 지원 업무, 숙박 및 식음 부문에서는 20%까지 비중이 올라간다. 건설과 보건, 사회복지 부문의 회사들도 0시간 계약을 남용한다. 영국에서 비표준 고용은 아직 표준 고용보다 덜 흔하지만, 일부 부문에서 증가하고 있다. 그럼으로써 상당수의 사람들이 노동자와 직원에게 제공되는 법적 권리에 접근하지 못하게 된다. 전 세계를 놓고 보면 대부분의 일이 실질적으로 제도권 바깥에서 이루어지고 있는데, 비표준 급여를 받는 고용 형태일 뿐 아니라 국가의 법과 세금의 틀에서 벗어났을 가능성이 높다. 새로운 일자리의 증가가 둔해지고 실업자가 늘어나면, 비표준 고용이나 제도권 바깥에 속하는 유형의 일이 더 흔해질 수 있다.

영국 사회에서 일의 현주소를 직시해보면—노동자가 낮은 임금을 받고, 보호받지 못하며, 양극화가 심하고, 임금 정체가 굳어버린 상태를 보면—변화가 절실하다고 생각할지 모른다. 서문을 시작할 때 서술한, 일이 점점 진보하고 있다는 깔끔한 서사에 의문을 제기하고 싶을지 모른다. 그런데 급여가 괜찮으면서 안정적인 일자리가 줄어드는 현실에 대해 정치권에서는 논점을 크게 빗나간 응답을 해왔다. 첫번째 응답은 표면적으로는 그 자체로서 나쁘지 않지만, 아무리 관대하게 봐줘도 미봉책에 불과하다. 이를 포부-부족 모델aspiration-deficit model이라고 부르겠다. 이 모델에서는 사람들이 형편없는 일자리에 머무르게 되는 이유가 자신이 무엇을 할 수 있는지 모르기 때문이라고, 그러니 적절한 격려를 받으면 보람 있는 일을 찾을 수 있을 거라고 주장한다. 격려가 도움이야 될 것이다. 특히 성문화되지 않아서 새내기 사회인들이 쉽게 알아볼 수 없는, 일터의 사회자본에 속박된 복잡한 규칙을 헤쳐나갈 때 이런 격려가 도움이 될 수 있다. 때로 격려는 억압된 특정 집단의 사람들이 급여가 낮고 안정적인 일자리를 얻을 수 있도록 지지해주기도 한다. 여성과 유색인종과 노동계급이 커리어 발전이나 특정 직업으로의 길을 차단하는 높은 장벽에 자주 가로막히는 건 사실이다. 그런데 장벽을 넘지 못하는 사람에겐 무슨 일이 일어나는가? 이런 시스템에서는 언제나 승자보다 패자가 훨씬 많다. 가혹하고 잔인한 복지제도와 나쁜 저소득 일자리의 연속에서 벗어나는 사람보다 그러지 못하는 사람이 훨씬 많다. 구조적으로 모두가 포부를 이루지 못하는 세상에서, 포부 모델은 운 나쁜 사람들 또는 어떤 이유로든 포부를 이루지 못하는 사람들을 표류시킨다. 때로 포부 모델에서 직업훈련을 제공하기도 하지만, 질 좋은 직업이 부족하다는 구조적 문제를 해결하기에는 역부족이다. 포부를 품게 하는 프로젝트가 효과를 발휘할 때조차 도움을 받는 건 소수뿐이다. 나머지 다수를 위해선, 실패가 오롯이 자기 탓이라고 느끼게 하는 몹시 잔인한 순간이 기다리고 있다.

　'우리가 전에 알던 일'의 쇠퇴에 대한 정치권의 두번째 응답은 실업의 병리화다. 이는 포부 모델이라는 당근에 대비되는 회초리인 동시에, 어떤 면에서는 포부 모델의 확장이기도 하다. 병리화 모델에서 일하지 않는 것은 병으로서, 노력으로써 치료되어야 한다.[12] 이런 생각은 영국 보건장관 맷 행콕Matt Hancock의 발언 속, 위험한 바이러스를 피하고자 하는 노동자들이 "휴가에 중독"되었으며 중독을 "끊어내야 한다"라는 추한 주장에 들어 있다. 전 부총리이자 긴축 설계를 보조한 닉 클레그Nick Clegg의 '알람시계 영국alarm clock Britain(닉 클레그는 자신이 아침 일찍 일어나 성실히 출근하는 사람들의 편이라고 연설했다―옮긴이)' 수사에, 노동당이 "복지수당을 받는 사람들"의 당이 아니라는 노동당 하원의원 레이철 리브스Rachel Reeves의 주장에, "이른 새벽 어둠 속에서 출근하는 교대 근무자"와 "복지수당을 타먹으며 평생 잠이나 자는 그의 이웃"을 대비시킨 조지 오스본George Osborne의 비교에 들어 있다.[13] 이 수사법은 노골적으로 우생학을 옹호하는 방향으로 흐르기도 하는데, 이를테면 보수당 하원의원 벤 브래들리Ben Bradley는 복지수당을 받고 사는 사람들은 정관수술을 시켜야 한다고 적었다.[14] 실업은 위험한 상태이자 유전병이며, 그럼에도 오롯이 개인의 잘못이 된다. 마거릿 대처Margaret Thatcher는 수급자들이 수령할 수 있는 복지 혜택을 양적으로 줄였고, 메이저와 블레어 시대에 이르자 복지에 조건이 붙기 시작했다. 어떤 조건들은 특정 수당을 받는 수급자의 수를 줄였다. 새로 생겨난 수급 자격 조건으로 인해 가령 학생들은 여름방학 동안 받을 수 있었던 실업수당을 받지 못하게 되었다. 수급자의 행동에 적용되는 조건도 있었는데, 의무적으로 무급 노동을 해야 한다거나 약속 시간에 나타나지 않을 경우 제재를 당하는 것 등이었다. 최대 3년까지 수급 자격을 박탈하는 제재도 있었다.[15] 복지국가의 안전망이 해어졌을뿐더러 안전망을 사용하는 사람들에게 심한 낙인이 찍힌 것이다.[16] 그런데 이런 조치들은 하나같이 사람들이 일하게 하는 데에는 그다지 효과가 없다. 물론 수급자들에게 무급 노동을 시키는 제도는 짐작건대 고용주들에게 이득일 테다. 고용주에겐 비용을 절감시키고 노동자에겐 직접고용에서 오는 보호를 빼앗는 가짜 자영업의 증가가 그렇듯이. 복지국가를 운영하는 일의 많은 부분을 아웃소싱받은 비상장기업도 당연히 돈을 벌게 된다. 현재 징벌적 복지 기구에서 가장 악독한 부분인, 고용지원수당Employment and Support Allowance; ESA 자격을 심사하는 노동적합검사를 운영하는 회사는 검사당 200파운드를 받는 것으로 알려져 있다.[17]

두 종류의 부자유

저임금이 지속되고 빈곤 노동자가 늘어나는 상황에도 불구하고 정부는 여전히 "빈곤을 벗어나는 최고의 방법은 노동"이라고 주장한다.[18] 빈곤과 실업은 경제의 부작용이 아닌 개인적 실패가 된다. 부드럽게 천천히 불태우는 벌을 주는 포부 모델과 즉각적 폭력을 행사하는 복지수당 제도 사이, 불안한 저임금 노동에 빠진 수백만 명을 상대로 전쟁이 벌어지고 있다. 형편없는 일자리의 수준과 그 본연의 고통만으로도 일이 점진적으로 나아지고 있다는 서사를 충분히 반증할 수 있겠으나, 이 책은 단지 형편없는 일자리에 대한 책이 아니다.[19] 이 책은 자본주의 체제에서의 일이 우리 모두에게 어떻게 나쁜지를 이야기하려 한다. 앞서 보았듯 현재 존재하는 방식의 일은 단순히 말해 최저임금을 받는 사람들의 편이 아니다. 그러나 책의 나머지 부분에서 주장하려는 바와 같이, 자본주의 체제에서 일의 문제는 단지 형편없는 일자리와 더 나은 일자리에 대한 접근권이 불공평하게 분배되었다는 것이 아니다. 더 안정적이고, 영구적이고, 임금이 높은 일에서도 노동자들은 갖가지 문제에 시달린다. 그 이유는 우리가 대체로 우리가 일하는 방식을 선택할 수 없기 때문이다. 일터에서 우리는 타인의 통제 대상이다. 타인의 힘에 지배되는 것이 늘 나쁜 건 아니겠지만, 이 통제력이 행사되는 고유한 방식과 특히 노동자가 비교적 무력하다는 맥락으로 인해 일터의 상황은 극도로 유해할 수 있다. 일터에서 자유가 부족한 것은 부분적으로 일의 배경이 되는 조건의 산물이다. 사회 구성원 대다수가 살아가기 위해 일자리를 찾아야 한다는 배경 조건 아래에서, 일을 한다는 건 우리의 자유로운 선택이 아니다. 물론 우리가 누군가의 강제에 의해 일을 하는 건 아니다. 침대에서 끌려나와 사무용 의자에 앉혀지고, 머리에 총구가 들이밀어진 채로 스프레드시트를 검토하고, 월간 목표를 달성하지 못할 경우 총살당하는 건 아니다. 그러나 우리가 살아가는 종류의 사회에서 일자리를 가지는 건 필수다. 아주 부유한 사람들을 제외하면, 일자리가 없는 사람은 살아가기가 무척 어렵다. 그게 우리가 일을 하는 이유다. 직접적 강압에 의해 일을 하는 건 아니지만, 사회구조가 반드시 일을 해야만 하도록 만들어져 있다. 실업을 당할 경우 다음달 월세를 내지 못하는 가구가 전체의 3분의 1 이상이다.[20] 경기침체기에는 임금과 근무 위치가 전과 비슷한 질 좋은 일자리를 찾기 어려울 것이다. 그런데도 일을 하지 않는 사람은 징벌적인 복지 제재와 도덕적 비난을 받게 된다. 쥐꼬리만 한 복지수당을 받게 된다는 위협, 집을 잃게 된다는 위협이 우리를 나쁜 대우에 취약하게 만든다. 거의 언제나, 우리는 일자리가 우리를 필요로 하는 것보다 더 일자리를 필요로 한다. 일터에 들어가는 것은 자유가 아니며, 일터에 있는 동안 우리 시간은 우리의 것이 아니다.

일을 원하는 것

2020년 9월, 세정용품 회사 데톨Dettol이 런던 지하철에 건 유료 광고가 온라인에서 논란을 일으켰다. 광고에서는 사무실 근무의 장점과 통근의 다양한 즐거움으로 여겨지는 것을 나열하고 있었다.[21]

알람을 듣는다. 타이를 맨다. 핸드백을 든다. 리셉션 직원들. 카페인 향이 가득한 공기. 엘리베이터를 탄다. 또 하나의 가족을 만난다. 정수기 앞에서의 대화. 적절한 농담들.

광고에는 마땅히 조롱이 쏟아졌다. 데톨의 광고는 재택근무가 가능한 사람들더러 안전이 우려스러운 일터로 복귀하라는 메시지를 은연중에 던지고 있었으며 또한 대중문화에서 사무실을 소망이 이루어지는 것이 아니라 좌절되는 환경으로 묘사해온 수년간의 세월을 거스르고 있었다. 어떤 면에서는 이것이 세간의 상식이다. 사무실은 딱히 즐기지 않는 일을 하고, 딱히 관심 가지 않는 사람들과 이야기를 하러 가는 곳이다. 그러나 일터의 문화에 대해 널리 퍼진 불평불만에도 불구하고 나는 이 광고에 대한 반응이 어딘지 불편했다. 많은 사람들이 실제로 출근을 좋아한다고 보고한다. 2017년의 한 설문에서는 영국인의 3분의 2가 자기 일을 좋아하거나 사랑한다고 답했다. 자기 일이 싫다고 말한 사람은 열 명 중 한 명에 불과했다.[22] 이 사실을 자본주의 체제에서의 노동문제를 비평하는 전문가가 일에서 발견하는 문제 유형들과 어떻게 같은 선상에서 이해할 것인가?

지금껏 내가 한 이야기는—그리고 이 책에서 하게 될 이야기는—자기 일을 좋아하는 사람들이 있다는 가능성을 배제하지 않는다. 분명 모두가 일에서 불행한 건 아니다. 많은 비난을 받은 데톨 광고는 일이 즐거울 수 있다는 것뿐 아니라 사람들이 일에 대해 강한 감정적 연결을 느낀다는 것을 암시한다. 사람들은 일을 그리워하기도 한다. 많은 사람들에게 일터는 삶을 살아가는 곳, 가장 중요한 인간관계 몇 가지가 이루어지는 곳이자 의미나 심지어 즐거움을 찾을 수도 있는 곳이다. 노동문제를 비판하는 전문가들은 반드시 이 사실을 고려해야 할 것이다. 그러나 이 책은 사람들의 주관적 선호에 대한 책이라기보다는 그 선호가 형성되는 조건에 대한 책, 그 선호가 존재하는 배경이 되어주는 다른 가능성들에 대한 책, 예를 들어 보람과 사교를 찾을 다른 원천이 부족하다는 것을 지적하는 책이다. 이 책은 자본주의 체제의 일이 사람의 자유를 앗아가는 방식을, 일이 약간의 만족과 심지어 약간의 즐거움도 제공하긴 하지만 그건 다른 유형의 즐거움을, 다르게 살고 생산하는 방식을 없앰으로써 가능했다는 사실을 숙고한다. 이 책은 현재 존재하는 일의 해로움을 이해하고, 일을 더 낫게 만들 수 있는 여러 방법들을 알아내고자 씨름한다. 책의 첫 부분에서는 일이 무엇이며 지금껏 어떻게 이해되고 도전받아왔는지 개괄한다. 중간 부분에서는 일이 무엇을 하는지—사회에게, 우리 개인들에게, 점점 더 일을 닮아가는 우리 삶의 다른 영역들에, 특히 여가와 교육에 어떤 일을 하고 있는지를 다룬다. 마지막 부분에서는 우리가 일의 문제를 앞두고 무엇을 해야 하는지 숙고한다.

일은 우리의 정체성 및 일상과 깊이 얽혀 있다. 우리는 일을 사랑하고 우리가 일하는 회사의 '가치'대로 살라고 격려받는다. 지역사회는 특정 산업(그리고 그 산업의 쇠락)에 의해, 그 산업을 둘러싸

고 빚어진다. 이는 우리가 일을 비판할 때 자주 두려움과 혼란을 맞
닥뜨리게 된다는 뜻이다. 이 두려움은 단순히 엘리트들이 전파한
노동윤리의 산물이 아니다. 자본주의 체제에서 일이 자기를 개발하
고 존중과 보람을 얻을 수 있는 유일한 처소가 되었음을 감안할 때,
이 두려움은 자아상실에 대한 진정한 두려움이다. 그러나 자본주의
의 본질적 요소인 일과 임금노동은 우리 삶의 가능성들을 축소시킨
다. 사회의 기틀부터 근본적으로 변화시키지 않고서는, 우리는 삶
을 되찾을 수 없다.

1장

일, 자본주의
그리고 자본주의적 일

글 쓰고자 황금 의자에 앉은 자들은

다른 이들에 대해 질문 받으리

그들의 의복을 지은 자들에 대해

_베르톨트 브레히트Bertolt Brecht [1]

"대안은 없다There Is No Alternative"라는 대처주의의 표어가 울려
퍼지고 수년이 지나, 세계 전역의 신좌파 운동들은 긴축과 신자유
주의에 대안이 있을지도 모른다는 가능성을 보였다. 이데올로기적
현상現狀에 구멍을 낸 것이다. 여기에는 이상한 낙진이 뒤따랐는데,
경제위기와 그에 수반된 정치적 집결을 겪은 2008년 이후에 주류
정치 평론가들이 자본주의에 대해 이야기하기 시작한 것이다. 어떤

면에서 이는 진전이다. 자본주의를 세상이 돌아가는 자연스럽고 불가피한 방식이 아니라 하나의 특수한 체제로 보는 것은, 자본주의를 당연시하는 것보다 어떤 면에서 낫다. 그럼에도 불구하고 자본주의를 분석하려는 주류의 시도는 여전히 얄팍한 수준에 머무른다. 주류의 주장에서 자본주의는 우리를 또는 기업을 유해한 방식으로 행동하게 하는 무언가이지만, 우리가 그에 대해 할 수 있는 일은 별로 없다. 전형적으로 이 주장은 어깨를 으쓱하는 뉘앙스로 표현되며, 개인의 선택과—특히 값이 비싸거나 폭력적으로 생산된 제품 또는 예를 들어 에어팟처럼 둘 다에 해당하는 제품을 구매하는 선택과—기업의 착취를 용서한다. 기업이나 개인 자본가들이 지금과 같은 방식으로 행동하는 이유에 대해선 이렇게 답한다. "그야 자본주의니까 그렇지!"

작가 레이철 코널리Rachel Connolly가 표현하듯 이런 설명은 "기묘하게 납작"하다.² 그녀는 이런 설명이 자본주의에서 겪은 착취의 정도와 경험에 존재하는 격차를 숨기고, 단순한 참여와 적극적 공모의 구분을 흐리게 하여, 자본주의의 문제를 계급과 무관한 2000년대의 병증으로 취급한다고 말한다. 이런 입장에서는 간혹 자본주의나 신자유주의 버전의 자본주의에 대해 괜찮은 대안이 나오더라도 이론이 부족할 것이다. 앞서 말한 '납작함'이 개인의 윤리나 기업의 행동 너머, 자본주의가 작동하는 방식 자체에 대한 이해로까지 확장되기 때문이다. 이렇듯 납작한 설명에서 세상이 자본주의적 방식으로 돌아가는 이유는 단지 자본주의가 원래 그런 거라서다. 여기서 개인의 행동은 별 의미가 없으며—그야 우리가 혼자서는 할 수 있는 일이 많지 않으니 사실일지 모르지만—심지어 집단적 정치 행동 역시 무의미하다. 그리하여 이 기계적인 설명은 겉껍질을 벗기면 "대안은 없다"라는 입장과 어떻게 유의미하게 다른지 알아보기가 어렵다.

심지어 주류 담론 바깥의, 자본주의에 불만을 가진 이들 사이에서도 같은 문제의 낌새가 느껴진다. 자본주의는 밀폐되고 고정되고 기계적인 체제이며 처음부터 끝까지 모든 게 자본주의 때문에 벌어진다. 이 명제는 사실일지는 몰라도 진부하다. 세상을 바꾸는 것에 관심 있는 사람들, 그저 최악을 피하는 걸로 만족하지 않고 진지하게 세상을 바꾸고 싶은 사람들인 우리는 자본주의의 정확한 실체를 분명히 알아야 한다. 탁상공론처럼 보일지도 모르겠다. 자본주의가 나쁘다는 건 이미 알고 있다! 그런데 굳이 자본주의가 정확히 무엇인지, 어떻게 나쁜지 연구해야 한단 말인가? 하지만 자본주의의 내적 역학과 그것이 작동하여 우리 개인과 사회 전체에 영향을 미치는 방식을 알지 못하고서는 자본주의를 이해할 수도, 바꿀 수도 없다. 자본주의가 나쁘다고 말하는 것만으로는 부족하다. 왜, 어떻게 나쁜지 설명하고 대안을 상상하고 그것을 위해 싸워야 한다.

이 두 가지를 생각하는 하나의 방법이 일이라는 프리즘을 통해서다. 이 방법이 특히 유용한 까닭은, 자본주의 체제에서 우리가 일하는 방식은 우연히 정해진 것이 아니라 오히려 자본주의의 근본적 요소이기 때문이다. 일이라는 프리즘은 '어떻게'라는 어려운 문제를 일상 수준으로 끌어내려 많은 사람들이 쉽게 다룰 수 있도록 해주기도 한다. 이 장에서는 이런 질문들에 답하는 첫 단계로서 자본주의에서 일의 위치와 자본주의에서 일이 지니는 역사적으로 고유한 특징들을 숙고함으로써 자본주의가 무엇인지 탐구하려 한다. 그러기 위해 여러 종류의 일 가운데 의류업을 살펴보겠다.

제 때의 한 땀; 의류 생산의 역사

옷을 사거나 입을 때 우리는 그 옷을 생산하는 데 들어간 노력의 양이나 타인의 시간에 대해 거의 생각하지 않는다. 우리 대부분은 옷이 어떻게 만들어지는지, 옷이 어떻게 재단되고 봉제되고 마감되는지 전혀 모른다. 우리는 다른 상품들과 똑같은 방식으로 옷을 만난다. 즉 생산의 가장 말단만을 본다. 우리 눈에 보이는 것은 가게의 디자인, 브랜드에서 발송한 과하게 친근한 이메일, 인스타그램의 홍보 콘텐츠다. 한편 생산 사슬의 반대쪽 끝에서는 주로 남반구에 거주하는 노동자들이 섬유와 옷을 생산하기 위해 긴 시간 일한다.

의류 생산은 오랫동안 여성의 일이었다. 오늘날에도 세계적으로 의류노동자의 대다수가 여성이다.[3] 임금은 대부분 턱없이 적다. 의류노동자 가운데 거주 지역의 주거비와 식비, 교육비와 양육비를 근거로 계산된 생활급 이상을 받는 비율은 2%에 불과하다.[4] 고대 그리스에서는 여자아이가 태어나면 현관문 앞에 양모 뭉치를 걸어 표시했다.[5] 호메로스Homeros의 『오디세이아Odysseia』(기원전 8세기 경)에서는 페넬로페가 남편이 안전하게 돌아오기를 기다리면서 구혼자들에게 오디세우스의 아버지인 라에르테스의 수의를 다 짜기 전까지는 결혼하지 않겠다고 말한다. 매일 밤 그녀는 낮에 짠 천을 풀어버린다. 이 영리한 술수가 통하려면 직조의 기술적 지식이 기본적으로 여성의 것이어야 했으므로, 이 내용은 직조의 젠더화된 측면을 암시할 수 있다. 이와 유사하게 사포Sappho는 상사병의 고통에 대해 적으면서 옷을 짤 수 없다고 적는다. "다정한 어머니, 베틀을 쓸 수 없습니다 / 늘씬한 아프로디테가 불어넣은 소년에 대한 그리움으로 저는 망가졌습니다."[6]

우리는 옷이 — 본디 극한 기온으로부터 몸을 보호하기 위해 동물 가죽과 천연섬유로 만든 천이었다 — 발명된 시기가 지금으로부터 4만 2000년에서 7만 2000년 전임을 안다. 이를 아는 건 묘한 사실 덕분인데, 이 시기에 머리에 사는 이와 몸에 사는 이가 다른 환경에 적응하여 종 분화를 겪은 것이다. 머릿니가 별개의 종으로 존재할 수 있었던 걸 보건대, 의복이 사용되었을 것이다.[7]

옷과 의복 생산에 들어가는 기술은 애당초 생리학적 필요에 기인했겠지만 곧 남들 앞에 권력과 지위와 정체성을 드러내는 수단이 되었다. 초기 인류 사회에서 의복 생산은 공동체의 일이었고 생산 자체가 사회적 의식이었을 수 있다. 현존하는 고대의 천 일부는

가운데에서 씨실이 교차하도록 짜인 것을 보건대 두 사람이 동시에 작업한 것이다.[8]

필요는 대개 단순하지 않다—가장 기초적인 생리적 필요조차도 그렇다. 선사시대 사회도 그랬다. 옷의 경우도 마찬가지다. 필요의 충족에는 남보다 더 적절하거나 더 쾌적하게 충족시킬 방법을 고민하는 맥락이 존재한다. 그러니 '단순한' 필요의 충족조차도 생각보다 복잡해진다. 옷은 또한 특정한 사회적 역할을 지정한다. 결혼반지, 야회복, 정장이 그러하며, 상하가 붙은 작업복이나 보호 장구의 기능성은 말할 필요도 없을 것이다. 옷에는 이런 역할이 있어서, 우리는 수천 년째 다른 사람을 흘긋 보는 것만으로도 그의 사회적 지위를 가늠할 수 있다. 과거에는 어떤 색상이나 옷감이 특정 유형의 사람들에게 법적으로 지정되기도 했다—예를 들어 고대 그리스에서 노란색은 여성의 것이었다. 특정 계급에 어떤 색상이나 옷감의 착용을 금지하는 법은 널리 퍼져서 사람들이 다른 계급으로 행세하는 일을 막았다.

양모, 아마, 면화 무엇을 재료로 삼든 천을 만드는 일에는 시간이 든다. 천연섬유로 실을 잣고 그것으로 천을 직조해야 한다. 인류 역사의 대부분 동안 이 과정은 손으로, 보통 여성에 의해, 개별 가정 내에서 이루어졌다. 사람들이 천을 만든 건 가족에게 옷을 입히고 집을 꾸미기 위해 또는 돈을 벌거나 물건을 교환하기 위해서였다. 15세기 이후 영국의 노동자들은 제공받은 재료로 집에서 일해서 상인들이 판매할 직물을 만들었다. 1750년에는 여성이 하는 유급 노동 가운데 제일 흔한 일거리가 방적 일이었다.[9] 18세기 말에 이르면 천을 만드는 일이 가정에서 공장으로 자리를 옮겼다. 일련의 기술 혁신과 주로 아동에 의한 저렴한 노동력의 사용에 힘입어 옷감 생산이 산업화의 영향 아래에서 점점 늘고 있던 공장으로 이동한 것이다. 지난 몇 세기 동안 패권을 쥐었던 양모의 자리를 대체한 문제의 천은 미국 남부의 노예 농장에서 수입해온 면이었다. 1850년대 말에 이르자 영국으로 수입해 들어온 면의 80%가 미국에서 생산된 물건이었다. 노예들이 수확한 면화는 미국 전체 수출액의 60%를 차지했다.[10]

천 생산은 가정에서 공장으로 자리를 옮겼으나, 봉제와 의류 생산은 악마적 분위기의 어두컴컴한 공장보다는 작업실이나 저임금 작업장에서 훨씬 작은 규모로 이루어졌다. 19세기 이전에는 대부분의 사람들이 스스로 옷을 짓거나 남이 입던 옷을 수선해 입었고 부자들만이 특별히 맞춘 옷을 입었다. 그런데 19세기에 천 생산 속도를 높이는 두 가지 발전이 일어났다. 첫번째 발전은 잘 알려진 대로 새로운 기계의 발명으로서, 미국에 도입된 이래 생산성을 10배에서 11배 높인 것으로 추산된다.[11] 오늘날 천으로 의복을 생산하는 데 쓰이는 기술들은 지난 세기가 시작될 무렵의 기술에서 거의 달라지지 않았다. 더 결정적이었던 두번째 발전은 표준 의류 사이즈의 개발이었다. 놀랍게도 표준 사이즈의 개발은 남성들, 특히 육지에서 보내는 짧은 시간 동안 옷을 맞추고 완성되기를 기다릴 시간이 없었던 선원들을 염두에 두고 이루어졌다. 19세기 중반에 벌어진 전쟁들이 표준 사이즈의 개발에 박차를 가했다. 수천 명의 남성들에게 옷을 입혀야 할 필요성은 특히 미국 남북전쟁 동안 수요를 자극하고 공급을 개편했다. 기계화된 새 공급망은 평시에는 민간 시장을 겨냥했다.[12] 신설된 백화점과 우편주문 카탈로그를 통해 옷이 점점 더 다량으로, 점점 더 다수에게 판매되었다. 의복이 정체성을 드러내는 데 사용된 게 이때가 처음은 아니지만 다수가 그런 가능성을 누릴 수 있게 된 것, 나아가 옷 입기가 대중의 여가 활동이 된 것은 소비와 소비주의의 역사에 중대한 변화로 기록된다.

1900년에 이르자, 손으로 옷을 짓는 시간의 3분의 1에서 절반 정도면 기성복을 만들 수 있었다. 옷은 계절별로 생산되었고―겨울과 여름에 다른 옷을 입기 때문이다―새로운 유행에 맞추어 변화했다. 자연의 특질인 계절성은 생산에 영향을 미치는데, 연간 두 차례 의류 생산의 성수기와 그에 따르는 비수기가 존재하므로 규모의 경제가 어려워진다. 그로 인해 생산자는 더 깊은 수준의 기계화나 자동화를 꺼리게 된다. 일 년 내내 가동하지 않을 장비를 들이자니 초기 비용이 비싸게 느껴지는 것이다. 따라서 천이 생산되는 공장과 달리 의류 작업장의 크기는 작은 수준으로 유지되었다. 의류업에서는 브랜드가 공급자에게 생산을 도급하고, 공급자도 다시 타 업체에 도급하는 일이 잦다. 이 사슬의 제일 밑단에는 수요가 높은 시기에 추가 작업을 맡거나 장식 디테일을 추가하는 가내노동자들이 있다. 바이어들은 낮은 가격을 기준으로 계약한다. 초기 비용이 적게 드는 이 업계에서 이윤은 직원들에게서 가능한 한 많은 노동을 짜내는 데 달려 있다. 이것이 일감의 무게 및 열기와 더불어, 저임금 노동장에 '땀가게sweatshop'라는 별명이 붙은 어원이다.

대규모 의류 생산은 북반구에서 처음 시작되었다. 런던, 뉴욕, 파리 같은 도시에서 이민노동자들은 낮은 임금을 받고 작은 작업장에서 또는 빈번하게는 고용주의 집에서 긴 시간 노역했다. 뉴욕의 의류노동자들이 조직화를 시작하자 제조자들은 작업장을 노동력이 덜 조직화되고 노동법이 덜 엄격한 주로 옮겼다. 생산 공장의 위치를 옮기는 건 무척 쉽다. 기계와 재료, 완제품 모두 무게가 적게 나가기 때문이다. 훗날 저렴한 노동력 시장이 열리자 의류업의 공급망은 국경을 넘어 확장했다. 1990년에서 2004년까지, 미국에서 섬유 또는 의류 생산 부문에 고용된 노동자의 수는 60% 감소했다.[13] 의류 생산은 카리브해, 멕시코, 중앙아메리카, 중국과 기타 아시아, 특히 남아시아 지역으로 옮겨갔다.

브랜드는 계절성 변동과 계절에 따른 새 스타일―패션 하우스에서 정하고 변화가를 통해 전파되는―은 물론, 점점 가속되는 유행의 변화에 대응하기 위해 옷을 더 빨리 디자인하고, 생산하고, 판매한다. 속도를 올리고자 다른 지역으로 도급했던 생산을 북반구로 일부 복귀시키는 일도 있다. 인스타그램 인플루언서가 입은 옷을 다음 날 우편함에서 받아보고 싶은 고객을 위해 의류를 소규모로 아주 빠르게 생산하여 가능한 한 짧은 창구로 발송 및 배송하라는 수요가 생겨나자, 레스터 같은 곳으로 의류업이 되돌아온 것이다. 2008년에서 2016년까지, 이스트 미들랜즈(더비셔, 레스터셔, 링컨

셔의 일부, 노샘프턴셔, 노팅엄셔, 러틀랜드로 구성된 영국의 지방—옮긴이)에서 의류업의 매출은 110% 성장했다.[14] 그 덕에 공급망은 단축되었다. 한 배치의 의류가 생산되고 판매할 수 있도록 준비되는 데 일주일이면 충분하다. 대략 1000벌 규모의 소규모 생산이 예측 불가능하게 잦은 빈도로 이루어진다. 따라서 주로 하청이나 2차 하청을 받는 공장에서는 라인을 최대로 가동하지 못하게 된다. 생산 비용을 줄이라는 압박에 부응하려면 노동자들은 극도로 착취적인 근무 조건에서 일할 수밖에 없다. 고용주는 이민노동자들을 속여 급여 명세서를 가짜로 꾸밈으로써 최저 시급 미만의 임금(업계 표준은 시간당 대략 3파운드다[15])을 지불하기도 한다. 여기에 더해 쉬는 시간을 주지 않고, 고용계약도 하지 않고, 유연성을 극대화하기 위해 노동자들이 라인에서 대기하다가 지시에 따라 일을 시작하거나 마치기를 기대한다. 일터는 자주 분열되고, 노동자들은 어떤 집단에 속하느냐에 따라 임금과 유연성에 대해 다른 기대를 받는다. 이민자 지위에 따라 처우가 달라지는 경우도 많다.

가치사슬의 반대쪽 끝에서는 인플루언서와 셀러브리티들이 홍보할 옷을 제공받는다. 소비자의 수요를 만들어내는 일에는 거의 상상할 수 없을 정도의 총체적 노력이 들어간다. 새 옷을 살 필요를 불러일으키려면 그만한 노력이 필요한 것이다. 인플루언서가 올린 포스트는 무심한 듯 진정성 있어 보이지만, 그 뒤에는 다른 어딘가에서 생산된 상품을 팔기 위해 감정과 물류의 전제 조건을 만들어내는 대대적인 작업이 숨겨져 있다.

자유롭고 강제적인 일; 자본주의의 역학

19세기 후반부터 오늘날에 이르기까지 의류노동자들이 처한 조건은 무서울 정도로 변하지 않았다. 쓰러지고 해고당하는 경험, 성희롱, 힘든 일을 하느라 치러야 하는 신체적 · 감정적 대가에 대해 과거와 현재의 노동자들이 이야기를 나눈다면 몇 세기의 세월을 건너뛰어 단박에 서로 이해할 수 있을 것이다.

현재 관점에서 간단하게 써내려간 의류업의 역사에서 우리는 중요한 역사적 변화 몇 가지를 들춰낼 수 있다. 그중 첫째는 의류에 대한 수요가 충족되는 방식의 변화다. 인류 역사에서 의류에 대한 수요는 거의 대부분 시장 바깥에서, 개인의 활동에 의해 충족되었다─자신이 입을 옷을 스스로 지었던 것이다. 시간이 지나며 의류 생산은 돈을 받는 활동이 되었다. 그러나 산업자본주의 아래에서 옷을 만드는 일은 천을 만드는 일과 달리 공장에 맡겨지지 않았다. 일부는 가내수공업으로 남았고 일부는 작은 가게로 옮겨갔다.

중요한 건, 그리하여 천을 만들고 옷을 짓는 일이 거의 전적으로 임금노동자들의 일이 되었다는 사실이다. 임금을 받고 천을 만드는 노동과 그보다 작은 규모로 임금을 받고 의류를 생산하는 노동은 산업자본주의보다 앞서 등장했지만, 시장 안에서 임금을 받고 제3자에게 판매하기 위해 생산하는 천과 의류, 상품의 비율은 이 시기에 유의미하게 변화했다. 이런 상품은 가정에서 일하는 개인이 아니라 시장에서 임금을 받는 노동자들에 의해 만들어진다. 천과 의류 생산의 경우 임금은 시급일 때도 있었고 벌 당으로 받기도 했다. 노동자들은 이렇게 받은 임금을 다른 생필품과 사치품을 구매하는 데 쓴다. 이런 교환이 이루어지려면 노동자는 생산수단과 분리되어야 한다. 인간은 교환하고자 하는 자연스러운 본능적 경향성 때문이 아니라 생산수단으로부터 강제로 떼어내는 폭력적 분리로 인해 노동자가 되어야 했던 것이다. 이는 생산의 유형에 따라 다양한 속도와 정도의 폭력을 통해 이루어진다. 그중 특히 폭력적인 건 땅을 탈취당하는 첫번째 분리다. 맑스가 표현하듯 토지의 몰수는 "피와 불의 글자로 인류의 연대기에 적혀 있다."[16]

봉건주의의 오랜 굴레에서 풀려난 노동자는 '자유롭게' 고용주와 계약할 수 있다. 노동자는 자기에게 고유한 기술과 능력의 사용권을 어떤 구매자에게든 판매할 수 있다. 그런데 이 자유는 자유라기엔 미심쩍다. 배경에 강압이 깔려 있기 때문이다―'자유롭게' 계약하지 않으면 살아남을 수 없을 테니. 현시대 영국에서 20세기 노동자들이 일부라도 쟁취해낸 복지제도의 의미는, 제도를 활용할 수 있고 수급 자격이 있는 사람은(복지는 무조건 주어지는 게 아니다) 직업 없이 살아남을 (아니, 살아남으려고 시도할) 수 있다는 것이다. 그러나 복지제도에 제한과 조건, 삭감이 도입된 것은 수급자들을 임금노동으로 되돌려보내려는 강력한 압박이 존재한다는 의미다. 이 계약에서 힘의 균형은 고용주에게 유리하게 되어 있다. 1970년대 중반까지만 해도 노동자들은 고용주의 허락 없이 고용계약을 마치지 않을 경우 투옥당할 수 있었다.[17]

자본주의는 생산수단으로부터 분리되어 고용계약에 들어오는 노동자에게 의존한다. 그러나 자본주의는 착각에 지나지 않는 '자유'노동만큼이나 자유롭지 않은 노동에도 의존한다. 자본주의 체제의 일은 가치사슬 전반에 존재하는 강압된 비자유노동에 의존한다. 면 생산을 놓고 보면, 18세기와 19세기 남북전쟁 전前 시기 동산 노예제도chattel slavery(노예를 부동산이 아닌 동산에 해당하는 재산으로 취급하는 제도─옮긴이)가 그러했고, 오늘날은 수감자 중 흑인의 비율이 80%에 달하는[18] 루이지애나주 교도소 같은 곳에서 미국인 죄수들에게 쥐꼬리만한 돈을 주고 면화를 따게 하는 교도소 노동의 착취가 그러하다. 임금노동의 주된 유형에 속하지 않는 노동 활동─노예노동, 무급 노동과 강제노동─은 임금노동의 전제 조건으로 기능할 수 있다. 임금노동 밖에서 일어난 일은 결국 임금노동 안에서도 적용될 수 있다.

두번째 변화는 자본주의 체제에서 고용주들이 노동자에 대해 가지는 특정한 종류의 힘에서 기인한다. 자본주의 이전 시대에 생산이 권력자에 의해 감독되지 않았다거나, 노동자들에게 일 년 중 특정한 시기에 특정한 방식으로 또는 특정한 속도로 일하라는 유의 압박이 없었다는 상상은 오산이다. 그러나 자본주의의 근간을 이루는 요소는 '이윤 동기'라고 불리는 것, 즉 생산수단을 소유한 자가 자본을 축적하고자 하는 욕구다. 맑스주의 정치 이론가인 엘렌 메익신스 우드Ellen Meiksins Wood가 자본주의 발전사에서 설명하듯 현대 영국 초기의 재산 관계는 사람을 노동자로 만드는 소유 분리를 굳혔고, 그로 인해 "경쟁하고, 비용 효율적으로 생산하고, 잉여는 재투자하고, 생산력을 향상시킴으로써 노동생산성을 체계적으로 증가시켜야 한다는 끊임없는 강박에 불이 붙었다."[19] 이는 고용주를 노동자와 (힘에 관련된다는 의미에서) 정치적 관계에 놓는다. 고용주는 이윤을 극대화하고자 하는데 이는 직원에게서 가능한 한 많은 노동을 짜낸다는 의미일 수 있다. 그로 인해 근무시간 연장, 쉬는 시간 금지, 특정 기준에 미달될 경우 임금을 삭감하는 것과 같은 다소 폭력적인 경영 기법이나 연공서열과 같이 고용주와 직원의 이해관계를 일치시키고자 하는, 보다 부드러운 통제기법을 낳을 수 있다. 특정 부문에서나 지리적 위치에서 이윤을 내기가 불가능할 경우 고용주가 기존의 것을 버리고 다른 곳의 더 저렴한 노동력을 찾아 떠날 수도 있다.

고용주와 노동자의 이런 관계 그리고 그로 인해 일터에 생겨나는 일상적 수모와 착취는 사회체제로서 자본주의가 체험되는 주된 방식임에도 현시대 의류업에 대한 주류 담론에서는 자주 잊히거나 무시된다. 덜 사는 것이든 잘 사는 것이든 오로지 소비의 윤리에 초점을 맞추는 경향성 때문이다. 일과 노동 권리의 문제보다 소비의 문제를 우선시하는 경향에는 의류업 자체만큼이나 오랜 역사가 있다. 1880년대에 중산층은 이민 의류노동자들이 노역하던 뉴욕의 저임금 노동장에 대해 우려하기 시작했다. 가시화된 사회적 문제에 대한 하나의 반응으로서 소비자운동이 탄생했다. 소비자연맹 Consumers' League에서는 소비자의 책임에 대해 설교했고, 저임금 노동장에서 생산된 의류의 건전성을 염려했다. 저임금 노동장을 거치지 않은 의류에 특별한 라벨을 붙이자는 제안이 등장했다. 현재 성행하는 소비자 기반 운동을 한 세기 이상 앞지른 것이었다.

의류 생산과 결부된 문제들은 대략 '유연성'이라는 경영의 원칙 아래에 또는 인건비를 가능한 한 쥐어짜듯 절감할 필요 아래에, 즉 고용주가 뜻대로 고용하고 해고할 능력이 이윤에 미치는 중요성 아래에 묶인다. 수요의 패턴을 변화시키려는 소비자측 시도로는 의류 생산의 문제들을 해결할 수 없다. 하청 모델은 브랜드와 생산자가 책임을 회피할 수 있게 한다. 의류업에서의 착취에 대한 담론이 재부상하기 시작하면서 과거 소비자연맹 스타일의 새로운 소비자운동이 등장하고 있다. 이런 운동이 회사가 직접 진행하는 브랜드 홍보활동에 불과할 때도 있다. 일례로 어떤 회사는 판매하는 점퍼에 일일이 태그를 달아서 점퍼에 들어간 양모를 제공한 양의 상태를 확인할 수 있게 해준다. 의류 공급사슬 내에서는 잘 대우받을 동물의 권리가 인간 노동자에 대한 고려보다 우선하는 것이다. 이런 유형의 호소는 찾기 어렵지 않다. 물건을 구매할 때 사람들은 소비를 위해 행사된 폭력에 대해 죄책감을 느낀다. 소비자들은 물건을 사야 할 필요의 모호성과 자신의 상대적 특권에서 오는 죄책감에 직면한다. 그러므로 제품이 어떻게 생산되는지 정보를 제공하고 공급사슬에서 폭력을 (가능한 한) 없애면 혼란에 빠진 소비자들을 다독일 수 있다.

소비자운동이 별 도움이 안 된다면, 뭐가 도움이 될까? 규약과 감사를 통해 국제단체를 참여시키는 전략도 있다. 그러나 사찰과 최소 기준으로 구성된 제도는 실질적 노동조건을 바꾸는 데 큰 영향을 발휘하지 못한다.[20] 지금껏 변화를 위한 진정한 추동력은 집단으로 조직화한 노동자로부터, 노동자의 힘을 키우는 것으로부터 왔다. 런던대학교에서 국제정치경제학을 가르치는 아숔 쿠마르Ashok Kumar의 말을 빌리자면, "지금까지 미국 공장의 불을 끈 건 고용주가 아니라 노동자들이었다."[21]

오늘날 소비자는 자신의 옷이 무엇으로 어떻게 만들어지는지 잘 모른다. 옷과 섬유와 맺은 우리의 관계는 지난 두 세기 동안 극적으로 변화했다. 천을 짜고 바느질을 하고 옷을 수선하는 방법을 알았던 우리가 이제는 단추 다는 법조차 모른다. 이는 주로 쇠퇴의 서사로, 우리가 이미 가진 것을 소중히 하지 않은 채 필요 없는 것을 욕심껏 사들이고 있다는 이야기로 그려진다. 실제로 그럴지도 모르지만, 이 이야기에는 노동자의 입장에서 본 생산의 역사가 빠져 있다. 게다가 우리의 소비 욕구를 자본주의 자체와 마찬가지로 자연스럽거나 미리 정해진 것으로 간주해서는 안 된다. 소비 욕구를 쉽게 버릴 수 있다는 뜻은 아니다. 다만 마케팅과 사회적 압박, 정체성을 소비로 표현하라는 기대(그리고 표현할 다른 장소의 소거)가 공모하여 이런 '욕구'를 심원하고 시급한 것으로 만든다는 뜻이다. 새로운 욕구를 만들어내는 것은 점점 더 많은 제품을 생산하고, 필요를 주입시키고, 지구의 점점 더 많은 곳으로 확장해가는, 성장에 굶주린 자본주의다.

역사와 신화

의류업은 일의 조건이 어떻게 변했는지— 어떻게 가정 안에서 가정 바깥으로 옮겨갔는지 보여준다. 산업화 전의 삶이 목가적이고, 평화롭고, 착취적이지 않았다는 뜻은 아니다. 대부분의 사람들이 이제 섬유를 만들거나 바느질하는 법을 모른다는 건 시장에 대한 의존을 높인다는 점을 제외하면 그리 나쁘지 않다. 새로운 기술과 노동력을 절감시키는 절차들은 좋을 수 있다. 다만 이런 절차에 필요한 기술을 소유하는 것이 누구인지, 기술을 발전시키고 활용해서 이득을 보는 것이 누구인지가 문제다. 지금 시점에서 생산 기반 시설은 이윤을 극대화시키는 데 맞춰져 있다. 노동자들이 고용되는 조건과 그들의 역할은 경영진에 의해 정해진다. 노동조합이 있는 산업에서는 조합에서 노동조건을 협상할 수 있지만, 노동자가 스스로 자신이 하는 일을 결정할 수 있는 경우는 드물다. 노동자가 하는 일의 성질, 다양성, 심지어는 숫자조차도 당사자의 통제에서 벗어나 있다. 구직을 하려면 자격과 능력만큼이나 운도 따라야 하는데, 특히 일자리가 풍부한 시대에 태어났는지 또는 지금처럼 실직의 망령과 점점 성장하는 긱 경제(정규직보다 필요에 따라 임시직, 계약직으로 사람을 쓰는 경향이 큰 경제—옮긴이)의 지배력이 크게 다가오는 시대에 태어났는지의 운에 많은 게 달렸다. 이 시대에 크게 위협받은 것은 젊은이들이다. 2020년 6월에서 8월 사이, 코로나19 팬데믹의 시기에 실직한 사람의 60%가 18세에서 24세였다.[22]

현재의 관점에서 자본주의는 위기에 처하긴 했어도 불가피한 것으로 보일 수 있다. 마치 인간 외적인 광대한 힘들이 사슬반응을 일으켜서 우리 모두를 간단히 수몰시킨 것처럼. 일의 서사는 주로 이렇듯 부드럽고 비역사적인 방식으로 이야기된다. 이 서사의 한 버전에서는—경제학자 애덤 스미스Adam Smith가 제안한 버전이다—사람들이 태생적으로 "교환하고자 하는 경향"을 타고났으며 이 경향이 자연히 노동 분화와 현대 자본주의로 이어졌다고 한다. 맑스는 『자본론Capital』에서 이러한 기원 신화를 비난한다. 맑스에 의하면, 사람들은 교환하고자 하는 타고난 경향 때문이 아니라 어떤 필요에 의해 노동자로 만들어졌다. 자본주의의 조건은—잉여의 축적과 '자유로운' 임금노동자들의 존재가—사람의 행동에서 비롯된다.

또다른 기원 신화에서는 인간의 재능이 프로메테우스와 같은 기술력을 촉발시켰다고 한다. 몇 가지 발명이 사회를 영영 바꿔놓는 것이다. 이 버전의 이야기에서는 린넨을 생산하던 고대에서 몇 차례의 도약을 거쳐 남의 셔츠에 핸드폰을 대면 바로 똑같은 옷을 살 수 있게 해주는 현시대의 기술에 이른다. 이때 도약은 살아 있는 진짜 사람이 아니라 기술에 의해 일어난다. 기술은—이 경우 역사적으로 최상위 계급의 (과거엔 실크해트를 썼다면 지금은 스티브 잡스처럼 터틀넥을 입은) 두드러진 개별적 발명들을 뜻한다—새로운 힘을 촉발시키고, 사회관계를 변화시키고, 더 크고 많은 이윤을 만든다. 이 이야기에서 보통 사람들의 진짜 삶은 숨겨져 있다. 공장은 살아 있는 사람이 지은 게 아니라 신이 하늘에서 내려준 것처럼 만들어지고, 운하는 땅에서 직접 솟아나며, 작물은 저절로 자란다.

마이크로소프트의 창립자 빌 게이츠는 인터넷으로 인해 물리적 거리 및 다양한 지역 규제와 같은 전통적인 시장의 결함이 없어진, 최대로 효율적인 시장의 미래를 그리며 '마찰 없는 시장'이라는 표현을 사용했다. 이런 매끄러운 시장은 미래에 투사하든 과거에 투사하든 실제 세상의 실제 마찰을 가려버린다. 마찰의 많은 부분이 인간의 행동에서 비롯된다. 집단과 개인의 동원에 의해, 생각에 의해 또는 단순히 기회나 우발에 의해 생겨난다. 기술은 원활하게 작동하지 않을 때도 있고, 기하급수적으로 개선되지 않을 때도 있다. 기술은 실제 사회와 특히 실제 일터의 정치에 의해 사용 방식이 달라진다. 유달리 복잡하거나 기계에겐 아직 불가능한 수준의 솜씨를 필요로 하는 일들은 기계화되거나 자동화되지 못한 경우도 있다.

게다가 기술은 구매하고 유지하는 데 큰 비용이 든다. 1990년대 대부분의 주유소 앞마당에서 찾아볼 수 있었던 기계 세차장의 쇠퇴를 생각해보라. 1970년대에 처음 발명된 기계 세차는 어느새 주유소 앞마당에서 쫓겨났다. 그 자리를 앗아간 것은 보스턴다이내믹스의 번쩍이는 새 로봇 기술이 아니라 손세차였다.[23] 기계 세차장이 있던 자리에는 구매하고 유지하는 데 비용이 많이 드는 기계 대신 수천 개의 소규모 손세차장이 들어섰다. 그중 다수가 허가 없이 운영하며 이민노동자들을 심하게 착취한다는 증거가 넘친다. 손세차장은 제도권의 경계에 걸쳐 있는 경우도 많다. 영국의 비정부단체Non Governmental Organization: NGO 언씬Unseen이 운영하는 현대 노예제 전화상담서비스Modern Slavery Helpline에 의하면, 세차장은 노동착취가 가장 흔하게 고발되는 현장이다.[24] 우리가 일하는 방식은 단순히 기술에 의해서가 아니라 현존하는 권력의 관계에 의해 빚어진다. 노동자에게 권력이 별로 없으면, 게다가 노동자가 저임금을 받는 상황이라면, 일자리를 자동화할 압력도 적다.

기술을 프로메테우스로 간주하는 설명이나 스미스가 상상한 교환하는 인간에 대항하여, 우리는 자본주의와 자본주의 체제에서 일의 역사를 인간의 행동을 중심으로 서술할 수 있다. 이 서술에서 중요한 것은 사회를 조직하는 방식으로서 자본주의의 특이성이다. 자본주의는 인간의 필요가 시장에서 만들어지고 충족되는 체제다. 자본주의는 생산수단과 생산자의 분리를 상정한다. 이런 분리는 사회적 삶의 나머지 부분을 조각하거나 그에 영향을 미치는 힘의 관계를 설정하고 유지시킨다. 자본주의를 유지시키는 것은 이러한 영향력을 발휘하는 소유의 역학이다. 그러나 자본주의에 영향을 미치는 것은 그뿐만이 아니다. 예를 들어 앞서 말한 계절성 때문에 의류생산에 비수기가 있다는 것과 같은 자연적 우연에도 또는 질감과 결이 있는 원목으로 가정용 가구에 요구되는 세밀한 제품을 만들어야 하는 가구 생산은 19세기 내내 산업화는커녕 기계화도 별로 되지 않았고 수제 가구가 흔했다는 것과 같은 사실에도 영향을 받는다.[25]

원시시대에 일찍이 소유를 탈취해간 축적의 폭력은 이제 희미해졌을지언정 사라지지는 않았다. '자유로운' 계약노동이 자본주의의 핵심임에도, 오늘날 노예로 살고 있는 사람의 수는 역사상 어떤 시점보다도 많다. 또한 세계 인구의 다수(60%)가 고용계약의 틀 바깥에서, 제도권 바깥 또는 '그림자 부문'에서 일한다.[26] 제도권 안에서도 정도가 약할지언정 직간접적 폭력이 발견된다. 역사학자이자 작가인 스터즈 터클Studs Terkel은 1974년에 보통 미국인의 노동 생활에 대한 서술을 모아 저서 『일Working』을 펴냈는데 책의 첫 문장은 이러했다. "일에 관한 책인 이 책은 그 본질에 의해 폭력에 관한 책이다."[27] 독자가 지금 손에 들고 있는 책도 마찬가지다.

이 책은 주류 정치 평론가들이 펼치는 자본주의에 대한 가짜 비판의 순환논리를—세상은 자본주의적이고 나쁜데 그건 자본주의가 원래 그렇기 때문이며 우리가 할 수 있는 건 별로 없다는 논리를—순순히 받아들이지 않고, 자본주의 체제에서 일의 특징이라고 이야기되는 폭력을 이해하고자 한다. 그리고 그 폭력을 정치적 관계의 맥락에, 인간의 주체성과 행동의 맥락에 놓아보고자 한다. 다시 말해 이 책은 세상이 어떻게 달라질 수 있는지, 어떤 방식으로 달라질 수 있는지 이야기하고자 한다.

2장

'일'에 맞서기

노동력의 대가로 주어지는 자본은 일용품으로 변환되고, 그 소비에 의해 현존하는 노동자들의 근육, 신경, 뼈, 두뇌가 재생산되며, 새로운 노동자들이 태어난다.[1]

_칼 맑스Karl Marx

집이 없는 것은 용인 가능한 굴욕이다. 노역을 하는 것도 그러하다. 반면 성을 파는 것은 모두의 일이다.[2]

_비르지니 데팡트Virgine Despentes

탈취당한 노동자는 자본주의 내에서 '자유롭게' 자신의 노동력을 판매할 수 있다. 그런데 그 노동력의 원천은 무엇인가? 그들의 일할 능력을 유지시키는 것은 무엇인가? 노동자들의 신체적·생리적 필요, 그들이 내일 아침 일어나 다시 출근할 수 있도록 해주는 필요, 시대가 바뀌어도 무산계급 노동자들의 존재를 유지시키는 필요들은 어떻게 충족되는가? 하나의 방법은 임금과 시장을 통해서다. 집을 임대하거나 구매하고, 음식을 사고, 특정 서비스를 위해 돈을 지불하는 등의 행위로 일부 필요를 충족할 수 있다. 그러나 필요의 또다른 일부는 시장에서 임금을 통해 충족시키는 것이 완전히든 부분적으로든 불가능하거나, 충족시킬 수는 있되 가끔만 그러하다. 어떤 경우 노동자들의 노동력을 재생산하고 노동자들이 또 하루를 일하도록 준비시키는 주체는 국가일 수 있다. 국가가 조직화한 이 재생산 활동은 다소 강압적이고 폭력적이다. 교육제도, 의료제도, 복지제도를 생각해보자. 국가는 대체로 두 가지 경우에 관심을 갖는다. 하나는 일생이라는 규모의 장기적 관점에서 노동자를 재생산하는 것이고, 또 하나는 임금과 시장이 재생산의 필요를 충분히 충족시키지 못할 때 심각한 피해가 일어나는 것을 방지하고자 개입하는 것이다. 그런데 자본주의와 전혀 무관한 것처럼, 자본주의의 중요한 구성요소가 아니라 오히려 그로부터의 도피처처럼 가장된 활동이 하나 더 있다. 당연하게 여겨지는 이 활동은 바로 가정 내에서 보통 여성에 의해 수행되는 무임금 노동이다. 이 세번째 활동 즉 가사는 페미니즘 논쟁의 주제이자 페미니스트들이 조직하게 된 원인이었다. 페미니즘에서는 '일'이라는 것 자체의 분류 또는 개념에 이론적·실용적 차원에서 의문을 제기해왔다.

그 구체적 역사와 '일'이 무엇인가를 둘러싼 다른 논란들을 들여다보기 전에, 조금 시간을 들여 의미론적으로 엉켜 있는 타래를 풀어놓는 게 유용하리라. '일work'은 온갖 종류의 활동을 지칭하는 단어다. '일'로 지칭되는 활동 중 일부는 노력이 필요하다는 것을 제외하고는 그다지 공통점이 없어 보인다. 자기계발도 일이고, 특정한 장소에서 근무하는 것도 일이고, 돈을 받고 하는 활동도 일이고, '자원'과 같은 수식어를 단 활동도 일이다. 어떤 경우에는 사람을 일거리hard work라고 지칭하기도 한다. 브리트니 스피어스Britney Spears의 2013년 곡 〈워크 비치Work Bitch〉는 '일'이라는 단어가 가장 일반적으로 적용되는 사례들을 포착한다. '섹시한 몸매'를 위해 일하고(즉 전보다 나아지기 위해 육체적 노력을 쏟고) '부가티' '마세라티' '람보르기니' '대형 맨션'을 위해 일한다(즉 임금을 받고 일해서 돈을 번다). 두 종류의 일을 명확하게 구분하지 않는 덕분에 이 곡에서는 세번째로 가능한 종류의 '일'을 전면에 내세울 수 있다. 청자들에게 "이게 당신의 직업인 것처럼 열심히 일하라"고 촉구하는 가사에서 일은 성적인 체화된 노력을 쏟는 것이다. 여기서는 몸을 매력적으로 만들도록, 춤추도록 움직이는 것이 일이다―노래 가사니까. 갖가지 유형의 노력에 해당하는 '일'을 언급하는 브리트니의 광의의 기도문 가운데, '일'의 협의狹義가 고개를 쳐든다.

'일'은 노력을 쏟는 활동의 총칭에 가까울 정도로 대단히 보편적인 단어일 수 있으나, 임금노동, 일터, 직업을 지칭하는 구체적 단어일 수도 있다. 즉 똑같은 활동이라도 어떤 조건에서 수행되느냐에 따라 일이 될 수도, 일이 아닌 게 될 수도 있다. 바닥을 닦는 것은 다른 사람의 집에서 돈을 받고 할 때는 일이지만, 자기 집에서 할 때는 적어도 협의에서는 일이 아니다. 같은 맥락에서 인스타그램에 사진을 올리고 글을 쓰고 댓글에 답글을 다는 활동은 여가시간에 할 때는 일이 아니지만, 회사의 소셜 미디어 계정을 관리하는 업무를 맡은 사람에게는 분명히 일이고, 브랜드의 의뢰로 협찬 콘텐츠를 포스팅하는 인플루언서에게도 일일 것이다. 비디오게임을 하는 것도 이와 같아서, 순수한 여가활동일 수도 있고 협의에서의 일일 수도 있다. 여가와 일은 서로 반대되는 경우가 잦지만, 한때 구별되었던 두 활동이 현시대 자본주의에서는 서로 침범한다고 주장하는 이들도 있다. 이에 대해서는 6장에서 탐구하겠다.

일에 관련된 두 개념을 들라면 바로 '노동'과 '고생'일 것이다. 둘 다 특히 힘든 일, 무엇보다도 육체적 일, 고된 일을 지칭한다. 노동에는 하나의 의미가 더 있는데 노동자 전반을 일컫는 것이다. 노동이나 고생과는 달리, 일은 꼭 고단한 것만은 아니다─어느 정도의 노력은 반드시 요하지만, 필요한 노력의 범위에 관한 한 중립적이다. 가장 넓은 의미의 '일'조차 아주 특별한 목적이 있지 않은 한 가만히 앉아 있거나 쉬고 있는 사람을 두고 일하고 있다고 칭하지 않는다.

하지만 이 연구의 주제는 전반적인 노력이나 전반적인 일이 아니라, 자본주의 체제에서의 일이다. 정확히 포착하기 어려운 일의 의미에 대해 중요하게 짚고 넘어가야 할 점은, 노력을 쏟는 행위로서 일의 일반적이고 넓은 용법과 노력을 쏟고 돈을 받는 행위로서 일의 좁은 용법이 유급 활동과 그 유급 활동의 전제 조건으로 기능하는, 주로 무급인 재생산 활동 사이의 골을 따라간다는 것이다.

숨겨진 장소의 숨겨진 장소

칼 맑스는 자본주의 비평가로 가장 잘 알려졌지만 그의 비평의 핵심에서는 일이 변화해야 한다는 절박한 호소를 찾을 수 있다. 그는 사람들이 창조적이고 집단적인 활동을 통해 스스로 표현하고 세상을 만든다고 주장한다. 이런 자연적 경향이 자본주의 체제의 일에서는 알아볼 수 없는 무언가로 왜곡된다. 그가 자기를 둘러싼 일이 나쁘다고 생각한 건, 단지 시끄럽고 위험한 환경이나 저임금과 긴 근무시간 때문이 아니었다. 일의 문제는 근본적인 문제였다. 자본주의 체제에서 일은 인간적인 것을 가져다가 괴물 같은 것으로 바꿔놓는다. 자본의 힘은 모든 인간적인 것을 게걸스럽게 집어삼키고 사회의 생혈을 빨아먹는다. 맑스의 설명엔 설득력이 있다. 실제로 우리는 일로 인해 마치 씹어 뱉어진 기분이 들고, 가장 기본적인 욕구를 충족시키는 것 외에는 아무것도 할 수 없을 만큼 지쳐버린다.

맑스는 자신의 주장을 입증하기 위해 인간의 자연스러운 교환 본능이 인간을 현대적 노동 분화로 완만하게 이끌었다는 주류 경제사의 동화를 반박한다.[3] 이 가공의 역사에서 자본주의 초기와 산업 자본주의 시대에 자행된 폭력은 숨겨진다. 이에 대항해 맑스는 교환을 넘어 생산에 주목하여, 자본주의의 "숨겨진 장소"를 소개한다.[4] 앞서 언급했듯 맑스의 설명에 따르면 노동자는 '자유'롭다고 일컬어도 될지 미심쩍은 거래에서 임금과 노동력을 교환한다. 그러나 노동력의 원천은 어디인가? 노동력 자체는 어떻게 생산되는가? 이 질문에 답하기 위해 우리는 맑스에게서 시선을 돌려, 숨겨진 장소 안의 숨겨진 장소를 들여다본 페미니즘 이론가들에게 주목해야 한다.

노동력을 재생산하려면, 노동자가 다음 날 일터로 돌아갈 수 있게 하려면, 최소한의 신체적·생리적 필요(음식, 주거지, 편안함)가 충족되어야 한다. 이중 일부는 예컨대 임금으로 월세를 내고 조리된 음식을 사먹는 등의 방법으로 시장 안에서 충족될 수 있다. 그러나 페미니스트들이 주장해왔듯 이는 전체 그림의 한 부분에 지나지 않는다. 사회적 재생산의 큰 부분이 시장이 아닌 가정에서, 여성에 의해, 돈을 지불하지 않고 이루어진다. 시장과 비시장에서 사회적 재생산이 정확히 어떻게 균형잡고 있는지는 그 재생산이 일어나는 사회가 어떠한지, 가족과 가정의 구조가 어떻게 다른지, 국가의 역할이 어떻게 다른지, 최소 기준을 넘어 사회적으로 결정된 욕구들이 어떤 것들인지에 달려 있다.

페미니스트들은 사회적 재생산의 역학이, 특히 가정 내 무급 노동이 일관적인 관심을 받지 못함으로써 착취와 정치적 투쟁이 일어나는 잠재적으로 중요한 영역이 시야에서 가려진다고 주장한다. 무급 가사노동의 착취가 이윤을 낳는지, 가정주부의 사회적 지위가 여성의 전반적인 사회적 지위에 어느 정도로 영향을 미치는지에 관해서는 의견이 크게 갈린다. 다만 사회적 재생산 이론가들 사이에서는 반자본주의자들이 무급 노동 중 가사노동의 영역을 이론 및 현실의 차원에서 고려해야 한다는 합의가 있다.

가사 논란

20세기 중반, 가사에 대한 여성들의 분노가 폭발하여 대중의 의식에 포착되었다. 가사노동은 거의 전적으로 여성들이 하는 일이자 그러면서도 거의 인정받지 못하는 일이었다. 가사는 사람을 고립시킨다—하루 종일 혼자 집에서 하는 일이므로. 그리고 특유의 일시성은—몇 시간이면 다시 더러워질 물건들을 닦는다—특히 사람을 무기력하게 만든다. 개인의 고통이 공공에게 알려지긴 했으나, 가사의 문제(지루한 일이 젠더에 의해 불공평하게 분배된 것)에 대해 여러 페미니즘 계열에서 제안한 해결책은 크게 상이했다. 자유주의 페미니즘 계열에서는 여성 개인들이 주된 노동력에서 배제됨으로써 입는 피해와 교외 전업주부 생활로 인한 심리적 저해를 강조했다. 이쪽에서 내놓은 전형적인 해법은 여성이 노동시장 또는 다른 인정받을 수 있는 장소에 진입할 수 있도록 접근권을 개선시키는 것이었다. 그 방법은 주로 유모나 청소도우미를 고용하는 것과 같이 여성 개인이 가사와 육아에 쏟는 시간을 줄이도록 하는 시장 해법과 공적 육아서비스를 개선시키고 성역할에 대한 고정관념을 탈피하여 여성에게 교육과 훈련을 제공하는 것과 같이 노동시장의 장벽을 없애려는 노력이 결합된 것이었다. 어떤 경우에는 남성이 가사노동을 전보다 더 공평하게 분담하도록 권장했다. 이 접근은 개인으로서 여성의 이동성 및 유급 노동시장에 진입할 능력에 초점을 맞추며, 여성이 유급 노동에서 당연히 보람을 느끼리라 가정하는 경향이 있었다.

가사의 문제에 대한 두번째 반응은 이론적으로 그리고 현실적으로 가사를 공유화하려는 노력에서 찾아볼 수 있다. 이 접근에서는 가사가 유독 해로운 이유를 사람을 고립시키며 가정마다 제각각 빨래와 요리를 하느라 불필요하게 반복되기 때문으로 보았다. 지역 보육시설, 페미니스트 공동체, 공동 요리는 여성 개인의 노동량을 줄였고 동료들과 어쩌면 정치적일 수 있는 접촉을 가능하게 해주었다. 1970년 옥스퍼드에서 열린 영국여성해방운동British Women's Liberation Movement의 첫번째 컨퍼런스에서 주장된 네 가지 요구 가운데 첫째가 24시간 무상 보육시설이었다.[5] 이런 공유화를 실천한 공동체 중 일부는 풀뿌리로 시작되었고, 정치 성향이 반국가적이었으며, 그런 경우 정부의 자금 지원을 요구할지라도 운영권은 공동체의 손에 남아 있길 원했다. 이와 유사한 맥락에서 인권운동가 앤절라 데이비스Angela Davis 역시 가정 내에서 가사를 공평하게 배분하는 것으로는 가사의 문제를 해결하기에 역부족이라고 주장하지만, 그녀가 드는 해법은 지역 내에서 가사를 공유화하는 것이 아니라 가사를 산업화시키고 사회화시키는 것이다. 1981년 저서『여성, 인종, 계급Women, Race and Class』의 마지막 장「가사의 노후화가 다가온다 The Approaching Obsolescene of Housework」에서 데이비스는 "가정주부의 집안일 가운데 상당한 부분이 산업 경제에 편입될 수 있다"라고 적는다.[6] 그녀는 이런 변화로—가사를 여성 개인이 짊어진 부담이 아니라 더 큰 사회의 책임으로 만드는 변화로—노동계급 가정도 혜택을 보려면 그리고 비생산적 일의 규모를 확장시키는 것이 재정적으로 가능하려면, 현실적으로 국가의 보조가 필요하다고 주장한다.[7]

가사 문제에 대한 페미니즘의 세번째 해법은 당시는 물론 지금까지도 가장 큰 논란을 불러일으키고 있다. 첫번째 해법은—여성 개인의 운명을 개선시키는 것은—남성의 가사시간이 여성보다 아직 적긴 해도 부분적으로 실현되었으며, 두번째 해법은—가사를 사회화하는 것은—9장에서 더 깊이 다룰 이유들로 인해 대체로 잊혔다. 세번째 해법은 지지자들이 가사의 전체 또는 일부를 공유화하는 계획을 지지하는 경우가 잦다는 점에서 두번째와 겹친다. 그러나 여기에 구체적인 요구 하나가 더해졌다. 여성이 가정 내에서 하는 일에 대해 임금을 받아야 한다는 것이다. 가정에서 여성의 일은 가치를 생산하며, 따라서 인정받아야 한다는 주장이었다.

1972년에 이탈리아에서 여성들은 '가사에 대한 임금'을 요구하기 시작했고 이 운동은 빠르게 영국, 미국, 캐나다, 독일로 퍼져나갔다. 정치적 요구로서는 흔치 않게도, 요구의 세부 사항보다—즉 임금보다—요구를 하는 행위 자체로 일으키고자 한 반향이 더 중요했다.[8] 그중 가장 중요한 것은 가사가 일이라고 주장하는 것이었다. 그 말인즉 임금노동이 착취적이듯 가사노동도 착취적이고(게다가 가사에만 해당되는 추가적 해로움도 있었다) 주부들이 노동계급의 일원이며, 그들의 투쟁은 단지 어떤 특정 집단의 이익을 늘리기 위한 투쟁이 아니라 노동계급 투쟁의 일부라는 의미였다. 이 주장은 여성에게는 거의 관심이 없는, 남성이 지배하는 좌파의 배타주의에 맞선 것이었다.

맑스가 자본주의 체제에서 일의 자연스러움에 의문을 제기했듯이—일이 인간의 본성에서 우러나온 특징이 아니라 역사적으로 한정되어 있으며 폭력적인 합의임을 보였듯이—가사노동 임금운동wages for housework 관련자들은 여성들이 가정에서 하는 무급 노동이 여성의 타고난 선의에서 비롯된 것이 아니라, 직간접적인 강압에 의한 착취임을 보이고자 했다. 페미니스트 운동가이자 학자인 실비아 페데리치Silvia Federici는 1975년에 이렇게 표현했다. "가사노동은 여성에게 강요되었을뿐더러 우리 여성들의 육체와 인격에 딸린 자연적 속성으로, 우리의 여성적 성품 깊은 곳에서 우러나온 내적인 욕구이자 열망으로 탈바꿈했다."[9]

페미니즘의 목표는 '자연스러운 것'에 의문을 제기하는 것이다. 페미니즘은 '세상은 원래 그런 것' 내지는 '사람은 원래 그런 것'이라며 당연시되는 것을 문제시한다. 가사의 문제에 관해서는, 젊은 여자들이 가사에 능숙해지기 위해 몇 년의 훈련과 강압이 필요하다고 지적했다. 우리가 여자로 태어난 게 아니라 여자로 만들어진 거라면, 우리는 주부로 태어난 게 아니라 주부로 만들어진 것이다.

가사를 일로 규정한 이들은 가사를 탈자연화시키고 정치투쟁에 끌어들임으로써 정치적 가능성의 새 지평을 열고자 했다. 이런 변화가 일어나려면 일에 대한 특정한 설명이―'일'의 특정한 정의가―요구하는 자와 요구받는 자 사이에서 공유되어야 한다. 본래 가사노동 임금운동의 맥락에 존재한, 일이 해로우며 거부해야 할 대상이라는 설명이 없다면, 무언가를 '일'로 규정하는 것은 변혁적인 무언가를 추구하는 행위가 아니라 단지 인정이나 보상을 요구하는 행위에 머물 수 있다. 그러니 무언가를 '일'로 묘사할 때는 그 활동뿐 아니라 '일' 자체에 대해서도 어떤 주장들을 하게 되는 셈이다. 무언가가 일로서 이해되고 대우받아야 한다고 요구할 때, 우리는 일이 무엇인지를 정의한다. 가사노동 임금운동에서는 가사가 우리가 인식하는 일과 같이 착취적이며 가정주부는 노동자로서 중요한 정치적 주체라고 주장한다. '일'과 '계급'을 동시에 논하는 것이다.

페미니즘 이론과 페미니즘 운동의 역사는 얽히고설킨 실타래와 같다. 모든 실을 가닥가닥 풀어놓아도 운동 전체를 명확히 파악하는 건 어려울 수 있다. 어떻게 역사를 재구성하든 파편적이라서, 조망되는 가닥이 다른 가닥을 가리게 된다. 방금 설명한 역사 외에도 페미니즘에서는 가정에 대해 여러 태도를 취해왔을 것이다. 다만 우리가 주목하는 역사는 탈자연화라는 페미니즘의 프로젝트가 어떻게 가족과 가사에 집중하게 되었는지 보여주는 데 특히 유용하다. 앤절라 데이비스가 다른 이들과 더불어 주장했듯 가사노동 임금운동의 관점은 흑인 여성의 인종차별적 경험을 이해하는 데 종종 실패했으며, 국가에 따라 가정 제도에 큰 차이가 있음에도 불구하고 북반구 소수 국가들의 가정 제도를 보편화하는 경향이 있었다. 이를 고려해서 페데리치를 비롯한 가사노동 임금운동 이론가 일부는 가족과 가사생활을 거부당한 흑인 여성의 경험을 더 포용하는 방향으로 입장을 조정했다. 페데리치는 이런 재평가를 두고 가사노동의 "거부"에서 "가치화valorisation"로 이동했다고 표현한다.[10]

가사노동 임금운동은 1970년대 이래 여성의 삶과 경제에서 일어난 유의미한 변화들을 고려하여 재평가를 받고 있다. 오늘날 가정 내에서 구성원들이 맡은 역할은 대체로 과거보다 훨씬 융통성이 있다. 가사가 일이라면, 그 일을 하는 조건 또한 상당히 다양해졌다. 부분적이고 조건적으로나마 여성들이 가사의 요소들에 대해 어떤 이득으로 (충분하지는 않지만) 보상받는다는 의식도 있다. 주부와 주방은 각각 전통적인 사회적 재생산의 주체와 장소다. 그러나 우리 시대에 사회적 재생산은 전통적인 방식이 아닌 저렴한 패스트푸드 음식점에서, 배달을 통해, 연장된 공급사슬에 의해—노동계급인 이민자 여성은 북반구에서 일하기 위해 조국을 떠나고 더 가난한 여성들은 자기 아이를 스스로 돌보게 된다—이루어질 가능성이 똑같이 높다. 사회민주주의 제도의 붕괴는—사람이 하는 사회생활의 점점 더 많은 영역에서 이윤을 뽑아내려는 현상은—침체된 임금과 길어진 근무시간과 더불어, 사회적 재생산이 가정을 벗어나게 되었음을 의미한다. 맥도날드부터 베이비시터를 고용하는 플랫폼 애플리케이션까지 아우르게 된 사회적 재생산은 이제 사적인 가정에서 벗어났지만 여전히 사유화된 채, 이윤을 위해, 흔히 아주 착취적인 근무 관습을 통해 운영된다. 이런 변화는 지난 40년 동안 노동 조건과 자본주의 자체가 어떻게 달라졌는지 예증한다. 이런 변화로 인해 쇠퇴하는 복지국가의 빈틈을 채우는 역할을 맡게 된 가정은, 특히 가정의 여성 구성원들은 강한 압박을 받게 되었다.

법적 인정을 위한 싸움

일이라는 개념을 바꾸는 것, 무엇이 '일'로 간주되는지에 의문을 제기하는 것은 법의 문제이기도 하다. 국가에서는 어떤 활동은 일로 인정하나 어떤 활동은 유급이라 해도 일로 인정하지 않는다. 법의 관점에서 일은 고용주와 고용인 또는 노동자에게 권리와 의무가 있는, 구체적인 법적 구속력이 있는 실체다.[11] 일은 동등한 두 개인의 계약이 아니라 극도로 다른 종류와 수준의 권력을 지닌 양자의 계약이다. 이 계약은 노동자에게 고용 세부사항을 기술한 문서, 급여 명세서, 최저임금, 출산휴가, 합리적 휴가와 병가를 포함한 보호를 제공한다. 재판에선 주장할 수 있어도 고용주들에겐 무시당하기 일쑤인 허술한 권리들이지만, 법적 구제수단의 가능성이 아예 없는 것보다는 훨씬 낫다. 따라서 현재 많은 노동운동이 특정 활동을 합법적인 일로 인정받으려는 투쟁에 집중하고 있다. 그중 주요한 것 하나가 성노동을 탈범죄화함으로써 노동자로서의 법적 권리를 찾는 등 안전을 확보하고자 하는 성노동자들의 조직화다.

성노동을 일로 간주하는 주장은 때로 일의 정의 자체에 의존하며, 성노동에 쓰이는 기술, 그 중에서도 특히 감정 기술을 강조하는 경우가 잦다. 반면 성노동자를 배제하는 페미니스트들이 성노동을 일로 간주하면 성노동이 예시하는 여성에 대한 폭력을 가볍게 취급하는 셈이라고 주장할 때[12] 그들은 '일'에 대한 특정한 설명을, 구체적으로는 일에서는 폭력과 강압이 일어나지 않는다는 설명을 불러들이는 셈이다. 일의 도덕적 어휘에 의지하는 이런 접근법을 논하며 주노 맥Juno Mac과 몰리 스미스Molly Smith는 성노동자들의 안전을 보장하고 그들이 조직화할 공간을 제공하는 가장 좋은 방법이 성노동을 일로 간주하는 것이라는 전략적인 정치적 입장을 들어 논점을 입증한다.[13] 가사노동 임금운동이 취한 관점과 같이, 맥과 스미스는 성노동자들의 동원들을 노동계급 투쟁의 역사와 미래에 편입시킨다―에티오피아의 성노동자들이 에티오피아 노동조합 연합에 합류하고 1974년에 정부를 실각시킨 파업에 동참한 것부터, 프랑스와 영국에서 있었던 교회 점령, 국가로부터 법적 인정을 받고 노동운동으로부터 정치적 인정을 받기 위한 오늘날의 논쟁까지.[14] 논쟁의 장을 선택과 권한을 이야기하는 자유주의 진영 바깥으로 옮김으로

써 그들은 성노동의 개념에서 노동 부분을 급진화한다.[15]

위탁양육자들 역시 최근 노동자로서 정치적·법적 인정을 소구했고 얼마간 성공을 거두었다. 영국독립노동자조합Independent Workers' Union of Great Britain: IWGB의 위탁양육자 부문은 2020년 8월 고용재판소에서 기념비적 승리를 쟁취했다. 재판소에서는 위탁양육자들이 지역 의회에 고용되었으며 피고용인으로서 권리를 누릴 자격이 있다고 판결했다. 최저임금, 유급 병가, 모함에 대한 보호를 위해 싸울 위탁양육자들의 능력에 힘을 실어준 것이다.[16]

한편 노동조합에서 어떤 활동을 법적으로 자영업이 아닌 고용으로 인정해달라 주장하고 받아들여지는 일도 종종 있었다. 예를 들어 2016년에 한 재판소에서는 영국의 산별노조급 노동조합 General, Municipal, Boilermakers and Allied Trade Union: GMB이 대표한 우버 Uber 운전자들이 자영업자가 아니며, 최저임금 보장과 유급 휴가를 포함해 노동자의 권리를 누릴 자격이 있다고 판결했다.[17] 이런 판결은 기업이, 특히 긱 경제에서 운영하는 기업이 비용 절감을 위해 그 안에서 일하는 500만 명 가량 사람들에 대한 책임을 회피하는 행태를 어렵게 만든다. 우버는 항소했으나 2심 법원에서는 기존 판결을 지지했다. 2021년 2월, 대법원에서 우버의 주장과 반대로 우버 운전자를 노동자로 인정했다.[18] 2020년 10월, 우버는 캘리포니아에서 유사한 법을 뒤집기 위해 2억 달러를 썼는데 이는 미국 역사에서 하나의 투표에 지출된 최고액이었다.[19]

우버와 다른 기업들이 어떤 활동이 법적으로 일로 규정되지 않게끔 기꺼이 큰돈을 쓰고 있다는 것은, 기업들이 법이 강제하는 최소한의 직원 지원을 위한 지출조차 피하기 위해 무슨 일이든 할 수 있다는 것을 보여준다. 이와 유사하게 기업들이 노동력을 쥐어짜내고 비용을 절감하려는 모습을, 특히 돌봄 부문에서 노동자들이 일터 사이를 이동하는 시간에 대해 임금을 지불하지 않으려는 전형적 관행에서도 찾아볼 수 있다. 2020년 여름, 또 하나의 기념비적 판결에서 가정 내 돌봄노동자들이—대다수가 흑인 또는 소수인종 여성이고 고용 형태는 0시간 계약이었다—이동시간 그리고 근무 사이에 기다리는 시간에 대해서도 임금을 받을 자격이 있다고 결론내렸다. 기존에 노동자들은 사실상 최저임금의 절반도 받지 못했던 것이다.[20]

'일'의 정의를 둘러싼 투쟁들은 단순히 건조한 학술적 논란의 주제가 아니다. 이 투쟁들은 누군가 부당한 대우를 받았을 때 그에게 어떤 법적 권리가 있는지 규정한다. 정치적 방향에 대한 투쟁은 좌파의 관심이—이론적 관심과 실질적 관심이—어디에 쏠릴지를 결정한다. 주로 여성이 하는 일의 경우 그 '자연스러움'으로 인해, 당연하다는 인식과 가치 절하로 인해 인정받지 못하기 일쑤다.

일의 개념적 스며듦

가사노동 임금운동이 '일'의 영역을 확장시킨 이래, 일반적으로 일로 간주되지 않는 많은 활동들이 일로 묘사되어 왔다.[21] 이런 새로운 명명 행위들은 다수가 사회학자 앨리 혹실드Arlie Hochschild의 작업에서 영감을 얻은 것이었다. 혹실드는 1983년 저서 『감정노동 The Managed Heart』에서 특정 직업을 가진 노동자는 내적인 감정 상태를 관리하는 일을 수행해야 한다고 묘사한다. 예를 들어 비행 승무원은 부모가 방금 세상을 떠났든 비행기가 추락하기 직전이든 특정한 종류의 행동을 수행할 것으로 기대받는다. 상상할 수 있겠지만, 여기에는 감정적인 대가가 따른다. 이런 종류의 노력이라는—'감정노동'이라는—개념은 급여 유무를 가리지 않고 온갖 종류의 활동에 적용되어 왔다. 일례로 저널리스트인 제마 하틀리Gemma Hartley는 다른 사람의 생일을 챙기고 장보기 목록을 기억하는 여성의 정신적 노고를 '감정노동'으로 묘사한다. 정치적 생각을 설명하는 것, 트위터를 하는 것, 친구나 배우자를 응원하는 것 역시 도처에서 '감정노동'으로 묘사되어 왔다.

그런데 '일'에 대해 이렇게 주장할 때, 정확히 무엇을 주장하는 것인지 알기 어렵다. 어떤 경우에는 보상을 요구하는 것 같고, 다른 경우에는 젠더에 따라 불공평하게 분배된 노력을 재분배하고 인정해주길 원하는 것 같다. 일반적으로 이 주장의 바탕에 깔린 의도는 어떤 활동에 들어가는 잘 보이지 않는 노력을 드러내보이는 것 같다. 그저 자연스럽게 여겨지며 눈에 잘 보이지 않는 무언가를 분명히 드러내보이는 것의 효과는 사회정의에 대해 주장할 때 강력하고 유용할 수 있다. 그러나 나는 적어도 더 명확한 설명이 뒤따르지 않는 한, 이런 활동을 '일'이라는 용어를 사용해 이야기하는 것이 항상 유용한지 확신할 수 없다. 정확히 무엇이 '일'로 주장되는지에 관해 여러 혼란이 발생하기 때문이다. 혹실드 역시 '감정노동'이라는 개념을 확장하는 것은 막으려 했다.[22]

일의 패러다임에 추가할 것이 전혀 없다는 의미는 아니다. 그러나 일이라는 것은 자본가 계급이 노동자 계급의 노력으로부터 이익을 얻는 특정한 활동이다. 이 활동의 중요한 특징 하나는 고용주들이 언제나 이윤 극대화를 시도하며 그리하여 직원들과 특정한 정치적 관계에 ─통제의 관계, 권력을 행사하는 관계, 감시와 실적 관리의 관계에 ─놓인다는 것이다. 가정에서 무급으로 이루어지는 사회적 재생산 활동은 임금노동과 몇 가지 특징을 공유하지만, 여기에 이런 직접적 힘의 관계는 부재한다.

사회적 재생산 이론은 우리에게 다양한 유형의 사회와 자본주의 착취의 다양한 체제가 어떻게 스스로 재생산하는지 보여준다. 여기 더해 '일'의 성질과 지위에 대한 다른 논쟁들은 일에 대한 맑스의 설명에 비판적으로 중요한 내용들을 추가한다. 맑스의 이론에서 허점처럼 보이는 것을 발견하면 이론이 반증되었다는 의미라고 생각하기 쉽다. 처음부터 끝까지 설명하기를 실패할 경우 이론은 더 이상 유효하지 않다는 것이다. 이것이 우파 비평가들이 즐겨하는 행동이다. 페이지마다 또는 좀더 점잔을 빼는 경우 주석에 "흠, 사실은"이라는 단어를 큼직하게 숨겨두는 것이다. 현실은, 어떤 이론도 고정되어 있지 않으며 고정되도록 허락되어서도 안 된다. 이론에 무언가 빠져 있다고 해서 전체 개념이 무너지지는 않는다. 우리가 과거의 사상가들에게서 물려받은 것은 비평적 틀, 사회적 병폐를 진단하는 방식 그리고 그 병폐를 이론적 측면과 실제적 측면에서 치료하려는 시도다.

3장

새로운 일의 역설

　일의 역사와 일에 대한 묘사, 특히 노동계급이 하는 일에 대한 묘사에서는 특정한 유형의 일이 큰 비중을 차지한다. 지난 세기 중반에 북반구 일부에서 일반적이었던 이 유형의 일은 전통적이고, 안정적이고, 생산에 기반을 두었으며, 주로 평생직장이다. 우리는 상하가 붙은 파란색 작업복을 입고 생산 라인에서 지루함으로 단결된 채 기계처럼 움직이는 남자들의 모습을 상상한다. 이런 종류의 일과 이를 둘러싸고 형성된 사회는 헨리 포드Henry Ford의 자동차 공장에서 선구적이었던 관습을 따서 '포드주의Fordist'라고 불리곤 한다. 포드주의는 기술의 혁명이었으나 단지 그뿐만은 아니었다. 생산 라인은 중립적인 기반시설의 일부인 동시에, 그 이상이다. 생산 라인은 통제의 기술이기도 하다. 포드의 원칙은 이러했다. "사람은

[다시 말해 생산 라인 노동자는] …… 매 초를 [일에] 필수적으로 사용하되, 1초라도 불필요하게 사용해서는 안 된다."[1]

노동자의 움직임 하나하나가 조사되고 측정되었다. 노동자의 몸은 그들이 작동시키는 기계처럼 통제되었다. 생산 라인의 속도는 상부에서 정했고, 노동자들은 지시에 따라 속도를 늦추거나 높였다. 1960년대 말에 역사학자 로널드 프레이저Ronald Fraser는 가정주부에서 하원의원, 공장노동자에서 벽돌공, 심지어 성직자에 이르기까지 경제 모든 부문의 노동자들에게서 개인적 이야기를 수집했는데, 생산업에 종사하는 이들에게 지배적인 정서적 풍경은 지루함이었다. 다음과 같은 증언이 일반적이었다.

나의 일은 완전히 자동화된 방식으로, 자동장치의 손짓에 의해 내게로 온다. …… 그러나 그 아래에서 나의 정신은 쉼 없이 일한다. 나의 정신은 스스로 살아 움직인다. 누군가는 꿈을 꾸는 것이라 하겠지만, 그렇다면 나는 매일 하루 종일, 일주일에 닷새 동안 꿈을 꾸는 셈이다. …… 작업대 인원 전체가 이렇게 꿈을 꾼다. 꿈에 갇힌 한 무리의 자동장치처럼.[2]

담배 공장 노동자는 이렇게 적는다.

시간이야말로 공장노동자가 판매하는 것이다. 노동도 기술도 아닌 시간, 따분한 시간. 쏜살같이 지나가는 주말에 비하면 너무나 천천히 흘러가는 적막한 공장의 시간. 한숨으로 월요일 아침을 시작하고 나머지 평일은 금요일 밤만 기다리며 보낸다. 모두가 인생을 허비하는 것처럼 보인다. 인생은 그렇게 멀어져간다—중산모를 쓴 남자에게 팔려서.[3]

포드주의라는 용어는 생산 라인을 가장 큰 특징으로 하는 대규모 공장노동뿐 아니라 역사의 특정 기간에 대한 환유換喩로도 쓰인다. 이 용어는 이탈리아의 맑스주의자 안토니오 그람시Antonio Gramsci가 1930년대에 일찍이 사용한 뒤 널리 퍼져나갔지만, 보통은 제2차세계대전 종전과 1970년대 초 사이, 표준화된 대규모 생산이 이루어진 번영의 몇십 년을 일컫는다. 포드주의 시대 바로 앞에는 노동자의 움직임을 측정한 과학적 일터 관리 프로젝트인 '테일러주의Taylorism'가 있었다. 테일러주의는 레닌, 미국의 공장주, 부유한 교외 주부들에게서 하나같이 열광을 이끌어냈다. 포드주의 시대의 끝에는 생산 라인과 전체적인 생산과정에서 잉여(시간과 자원과 재고의 잉여)를 없애고자 하는 군살 없는 생산 또는 '적시just-in-time' 생산이 있었다. 단, 이런 역사적 시기들은 전부 총체적 체계가 아니라 지배적 분위기 또는 경향으로 간주되어야 마땅하다.

포드주의는 노동자들에겐 거래와 같았다. 일주일에 5일, 하루 8시간의 지루함을 견디면 보다 자유로운 주말이 기다렸다. 사람들은 살기 위해 일했다. 일과 여가는 명확히 분리되었다. 물론 이런 유형의 일은, 문화적으로는 지배적인 고용 패턴이었을지 몰라도 현실적으로는 소수에게만 국한되었다. 여성들은 여전히 일터에서 배제되어 있었으며, 영국의 속령에서 무단으로 추출노동을 시킨 착취 행위는 말할 것도 없다.

로널드 프레이저의 모음집에서 한 주부는 가사라는 형태의 노동에 내재된 지루함에 대해 이야기한다.

> 가치 있는 노력이라곤 거의 필요하지 않은 일을 하는 것도, 단지 자연적 과정을 쫓아가는 것이 주된 목표인 일을 하는 것도 참으로 좀스럽다—물건이든 사람이든 한 번 깨끗이 씻겼다고 끝이 아니다. 하루가 지나면, 심지어 몇 시간만 지나면 애초에 힘들여 일한 적이 없는 양 처음부터 다시 해야 한다. 사회가 여성의 어깨에 지운 이 역할에는, 물건이 더러워지지 않고 사람이 아프지 않도록 책임지는 역할에는 참으로 부정적인 데가 있다.[4]

새로운 일

다른 유형의 일을 판단하는 잣대가 되어온 포드주의 시대의 지루한 일은 1980년대에 새로운 유형의 일이 등장하면서 강적을 만나게 된다. 포드주의의 일은 틀에 박히고, 위계적이고, 정신을 멍하게 만들고, 기계적이고, 사람을 일생 하나의 작업에, 심지어는 하나의 동작에 묶어두었다. 반면 '새로운 일'은 유연하고, 흥분되고, 빠르고, 팀워크를 기반으로 하며, 다양함으로 넘실댄다고 자신했다. 사회학자 리처드 세넷Richard Sennett은 '새로운 일'의 직업윤리를 이렇게 묘사했다. "타인에 대한 민감함을 찬양한다. 남의 말을 경청하고 협조하는 것과 같은 '소프트 스킬'을 필요로 한다. 무엇보다도, 상황에 적응하는 팀의 능력인 팀워크가 강조된다." 이렇듯 겉보기에 매력적인 유연성에도 불구하고 (또는 그로 인해) '새로운 일'에는 깊이가 없었다. "현대 경영자들이 사무실과 공장에서의 팀워크에 대해 아무리 열을 올리더라도, 그 경험의 표면에 남은 것은 일의 윤리다. 팀워크는 실질적인 이익과는 거리가 먼 피상적인 단체행동이다."⁵ 오늘날의 일은 함께하는 경험, 집단의 일부가 되는 경험을 약속하지만, 실제로는 그보다 훨씬 경쟁적이고 개인적인 경험이된다.

이런 종류의 변화들은 '신자유주의'의 개념적 렌즈를 통해 주로 사고된다. 신자유주의에 대해 이야기하려면 이것이 이떤 의미인지 먼저 설명하고 넘어가는 것이 좋을 듯한데, 이 용어가—그리고 이 용어의 부정확한 용법이—너무 쉽게 비방당하기 때문이다. 내가 말하는 신자유주의라 함은 조직된 노동의 힘을 깨뜨리고, 복지국가가 남긴 제도를 비롯하여 인간 사회생활의 점점 더 많은 부분에서 이윤을 뽑아낼 새로운 방법들을 개발하고자 하는 의식적이고 정치적인 프로젝트다. 인류학자 데이비드 하비David Harvey는 이를 사회 프로그램 또는 사회 제도의 "내부 파괴" 내지는 "비우기"라고 묘사한다.⁶ 20세기 중반 포드주의의 지루함을 돌파하겠노라 약속하는 신자유주의는 오로지 자유에만 몰두한다. 자유를 약속하면서, 더 많은 강압을 만들어내고 만다. 철학자 한병철은 이렇게 표현한다.

> 신자유주의는 자유를 착취하는 매우 효율적이고 실로 영리한 시스템을 제시한다. 여기서는 감정, 놀이, 의사소통과 같이 자유의 실천과 표현 형식에 속하는 모든 것이 착취의 대상이 된다. 사람을 그의 의지에 반하여 착취하는 것은 비효율적이다. 타자-착취[타자에 의해 행해지는 착취]는 많은 수익을 내지 못한다. 자유의 착취야말로 수익을 극대화시킨다.[7]

개인 차원에서 한병철의 이야기는 그가 (요한 호이징가Johan Huizinga를 뒤따라) '호모 루덴스'라고 부르는 인간 성격 가운데 유희적 요소의 착취와 일의 게임화를 의미한다. 일과 여가가 통합된다. 일은 점점 더 놀이를 닮아가고, 여가는 수익 창출이 가능할뿐더러 권장되는 활동으로 취급된다. 모든 취미는 잠재적인 '부업'이 된다.

사람들에게 일에 대한 책을 쓰고 있다고, 일의 어디가 잘못되었고 어떻게 바꿀 수 있는지를 다루는 책을 쓰고 있다고 말하면 대다수가 자기 직업에 대해 이야기하기 시작한다. 그들의 이야기를 들으며 내가 특히 매혹된 것은, 일과 놀이가 서로 스며든다는 사실이었다. 한 친구는 내게 그중에서도 가장 지독한 사례의 사진을 보내주었다. '생산 동굴에서의 명상'이라는 것이다. 생산성 애플리케이션인 트렐로Trello는 사용자에게 "자기 관리가 강력한 생산성의 비밀"이라고 상기시킨다.[8] 사무실에는 닌텐도 스위치를 플레이할 수 있는 구역이 있다. 평일 퇴근 후 CEO의 생일을 축하하는 파티가 열린다. 아침 식사와 일과 중 명상 세션이 무료로 제공된다.

코워킹 스페이스를 거처로 삼고 '즐기며 사는' 스타트업 직원은 어떤 면에서 현시대 경제의 전형이지만, 한편으로는 '재미있는 일'을 할 수 있는 선택받은 소수를 대표하기도 한다. 이는 현시대 일의 세계가 점점 더 양극화되어가고 있기 때문이다. 이런 양극화는 수십 년째 이어지는 경제적 스태그네이션과 영국 정부에서 연속적으로 택한 신자유주의적 경제정책으로 인해 서비스 부문이 크게 성장한 데에서 기인한다. 보람 있거나 안정적인 일자리의 수는 줄고 있으며 특히 2008년 금융위기 이래 감소세가 심해졌다. 현시대 경제에서는 다수의 노동자가 불안정한 서비스직 종사자로서, 안정적인 일자리를 가진 타인의 집과 사무실을 청소하고 그들이 안락하게 살도록 돕는다. 복지가 줄어들면서 어쩔 수 없이 무급 노동으로, 특히 돌봄노동으로 내몰린 사람들도 있다. 불안정한 부업을 하면서 아프거나 나이 들거나 나이 어린 친척을 돌보는 이들이다. 밑바닥에 있는 사람들은 '재미있는' 코워킹 스페이스의 특전을 제공받지 못함에도 불구하고 일을 즐기고 고용주를 친구나 가족처럼 여기라고 기대받는다. 일은 실제로 재미있는 부분이 거의 없을 때에도 재미있는 것이어야 한다. 경영부에서 보낸 과하게 친근하고 친밀한 이메일, 애플리케이션 인터페이스, (자주 무급으로) 참석

해야 하는 훈련 프로그램에서는 일이 즐겁다고 가정하고, 즐거움을 장려한다.

새로운 일은—포드주의의 지루함에서 촉발되었다고들 하는 새로운 일은—유연하고, 감정 관리를 기반으로 하며(이때 감정은 노동자의 감정과 고객의 감정 둘 다에 해당한다), 세계시장으로 뻗어나간 공급사슬 곳곳의 탈중앙화한 '팀'에 의해 행해진다. 일은 이제 비공식적인 외양을 덮어쓴다. 일자리는 좋은 것이든 나쁜 것이든 사회적 관계와 개인적 사회자본과 묶여 있으며 사교와 구별할 수 없게 된다. 일은 친구가, 심지어는 가족이 되어주겠다고 주장한다.

이런 '새로운 일'이 어떠한지 이해하는 방법 하나로 임시직의 모습을 들여다볼 수 있다. 임시직이란 임시로 일하는 노동자다. 대행사를 통한 임시직 고용 관행은 1950년대 미국의 사무실에서 시작되어 60년대에 본격적으로 퍼져나갔다.[9] 임시직은 주로 여성이고,[10] 단기 고용된다. 어떤 임시직에 필요한 구체적인 기술을 이미 훈련받은 인력이며, 그 덕분에 선발된다. 그들은 신자유주의가 패권을 쥐기 전부터 존재했으나 신자유주의와 함께 부상했다. 1980년대에 영국의 임시직 노동자는 대략 5만 명이었다. 2010년대 중반에 그 수는 27만으로 늘어났다. 임시직은 인력의 빈 구멍을 메우기 위해 쓰이며, 그 덕에 사측에서는 새 인원을 고용하고 해고하는 속도만큼 빠르게 생산 속도를 높이거나 낮출 수 있다. 임시직은 시간 단위로 고용되기도 한다.[11] 임시직은 불안정하다. 계약을 하더라도, 풀타임 정규직의 권리는 없다. 임시직은 유연하고, 다양한 업무를 수행하고, 그 업무들 사이를 빠르게, 심지어 매끄럽게 오가야 하는 인력이다. 이미 훈련비용을 발생시켰으니만큼 새 일터의 감정적 지형을 빠르게 이해하고 적응해야 한다.

임시직을 전전하는 패턴이 보다 안정적이었던 포드주의적 일자리를 점차 대체하고 있다. 대부분의 신생 일자리가 저임금 서비스업이다. 예를 들어 2010년에서 2013년 사이에 만들어진 일자리 5개 중 4개가 저임금이었다.[12] 서비스 부문은 영국 경제의 거의 80%를 차지한다.[13] 주로 소매업과 접객업에 분포한 이런 일자리들은 코로나19로 인해 더 큰 위험에 처했다. 일자리가 갈수록 양극화된다는 뜻이다. 안정적이면서 주관적으로 보람 있는 일자리를 유지하는 소수가 있고, 나머지는 그 소수에게 서비스를 제공한다. 그런데 이런 분석에는 유의할 점이 있다. 우선 사회학자 린 페팅어Lynne Pettinger는 이렇게 상기시킨다.

괜찮은 복지제도가 있는 국가에서 노동조합이 있는 제조업에 종사하는 (남성인) 노동귀족 너머를 보면, 유급 노동에는 언제나 불안정한 요소가 있었다. 건설업에서는 예로부터 일용직이 흔했다. 농업은 일거리가 절실한 계절노동자에게 의존한다. 가정 내 서비스 노동자들은 고용주에 대해 존경이나 품위를 보이지 못할 경우 해고를 당할 위험에 처해 있다(추천서도 받지 못한다). 그러니 일하는 좋은 삶과 풀타임 고용이라는 영광스러운 시대에도 공식 고용 안팎으로 보호받지 못하는 이들이 많았던 것이

다.[14]

　첫째로, 불안정이 점점 심해지고 있긴 하지만 현시대 일이 과거와 완전히 분리되었다고 생각해선 안 된다. 둘째로, 포드주의의 시대에 모두가 참을 수 없을 정도로 끔찍이 지루했던 건 아니다. 젊은 노동계급 여성들에게는 일이 — 일부러 짧게 끝낸 교육과 결혼 사이에 임시로 거쳐가는 단계였던 일이 — 임금과 더불어 공동체의식, 노동, 심지어 즐거움도 제공했다. 셋째로, '새로운 일'의 '재미'를 과장하지 않는 게 중요하다. 현실에 재미있고 덧없는 장치 몇 가지가 있다고 해서 사람들이 자기 역할에서 실제로 하는 일이 변하는 건 아니다. 코워킹 스페이스가 각광받고 있지만 많은 회사들이 전통적인 사무실처럼 건물을 임대해서 운영한다. 스타트업이 좀더 자리를 잡으면, 잠시 숨어 있었을 뿐인 오래된 위계가 공식적으로나 비공식적으로나 스멀스멀 나타나 굳어진다.

측정은 대상을 바꾼다; 신자유주의와 비뚤어진 장려책

　포드주의의 끝을 예고한 신자유주의 정책들은 지루한 일의 종말 이상을 약속했다. 관료주의의 종말과 밤에도 쉬지 않고 빠르게 움직이는 마찰 없는 자본주의의 도입을 약속했다. 그런데 이윽고 아이러니한 일이 일어났다. 규제가 사라지기는커녕 전에 공적 부문에 속했던 기관에서 관료주의가 더 확장되고 심해진 것이다. 영국 대학의 3분의 2가 이제 교수진보다 행정 직원을 더 많이 고용한다. 미국에서는 1975년에서 2008년 사이에 교수진의 수가 10% 가량 증가한 반면, 행정 직원의 수는 221% 증가했다.[15]

일견 수수께끼처럼 보인다. 육중한 관료주의는 "기업의 힘을 풀어놓음"으로써 사라지는 게 아니던가. 그러나 사유화와 시장화의 절차에는 많은 노력이 필요하다. 이론가 마크 피셔Mark Fisher는 이렇게 말한다.

> 이상화된 시장은 소비자들의 욕구가 규제 기관의 중재나 개입 없이 직접 충족되는 "마찰 없는" 교환을 가능하게 해주리라 기대받았다. 그러나 노동자의 성과를 평가하고, 속성상 정량화하기 힘든 노동 형태를 어떻게든 측정하려는 욕구는 불가피하게 추가적인 관리와 관료주의를 요구했다.[16]

이는 기존 직원들을 회유하여 군더더기 없는 새로운 업무 절차를 받아들이게 하고 신자유주의를 섬기는 운명을 받아들이게 하는 일이기도 하지만, 동시에 비교의 새로운 기준을 창조하는 일이기도 하다. 기존에 공동소유로서 독점적이었던 영역에 시장을 도입하려면 데이터를 포착하고, 저장하고, 비교하고, 그에 따라 행동하는 새로운 절차가 필요하다. 게다가 데이터를 포착하고자 할 때, 그 데이터를 만드는 게 주 업무가 아닌 이들의 일에 변화가 일어난다.

교사를 생각해보라. 교육은 본질적으로 상대적이며 상호적인 것인데, 어떻게 데이터로 기록하는가? 첫 단계는 어떤 일자리에서 하는 업무를 실제로 기록이 가능하도록 바꾸는 것이다. 측정은 측정하는 대상을 바꿔놓는다. 예를 들어 대학의 경우 수업의 '성공' 정도를 측정하는 하나의 방법이 학생에 대한 설문조사다. 설문에서는 수업의 어떤 모듈이 재미있었느냐고 묻는다. 그런데 무언가가 재미있었다는 것과 무언가를 배웠다는 것 사이에 항상 직접적인 연관이 있는 건 아니다. 그러니 여기서 측정되는 것은 가르침이 아닌 다른 무언가다. 피셔의 말을 빌리자면, "이제 노동자들의 성과나 실적이 직접 평가되지 않고 감사監査를 통해 가시화되는 성과와 실적의 표상이 평가된다. 이때 불가피하게 합선이 일어나 노동은 노동 자체보다는 표상을 생산하고 조작하는 쪽으로 방향을 맞추게 된다."[17] 신자유주의는 이렇게 비뚤어진 장려책을 만들어낸다. 정해진 업무를 하는 게 아니라 그 업무에 대해 부분적이거나 전적으로 일방적인 설명을 기록하는 데 점점 더 많은 시간이 쓰이고 있다. 이 설명은 그 업무의 미래 상태와 조건변수들을 정하는 데 사용된다. 그리하여 왜곡을 통해 새로운 현실이 만들어지는 것이다.

시장화와 사유화가 유발하는 비뚤어진 장려책에 대한 사고는 주로 고등교육에 집중되어 있다. 놀랄 일은 아닌데, 시장화에 대해 글을 쓰는 사람, 적어도 그중 돈을 받는 사람의 대부분은 학자이기 때문이다. 학자들은 대부분 자신이 하고 있다고 생각하는 활동—도구적이지 않은 무언가, 심지어는 '천직'—과 대조되는 시장화에 대해 분명히 인지하고 있다. 학문이 유일하게 신자유주의의 단련을 받은 인력들이 일하는 부문이며 자신들이 특별한 경우라고 생각한다는 느낌을 받을 때도 있다. 이는 사실이 아니다. 시장화와 사유화가 경제의 다른 부분에서 어떻게 이루어지는지, 그것이 현대에 일하는 경험에 어떤 영향을 미치는지 알아보자.

'새로운 일'의 경험

20세기의 마지막 몇십 년 동안 영국에서는 과거에 공동소유였던 경제의 여러 부문이 매각되었다. 브릿오일Britoil, 브리티시 텔레콤British Telecom, 브리티시 에어로스페이스British Aerospace, 브리티시 가스British Gas, 롤스로이스Rolls-Royce, 브리티시 레일British Rail, 지역 수자원공사 등이 이에 해당한다. 핵심 산업과 공공서비스의 매각은 철도, 우편, 버스, 에너지의 공동소유를 지지하는 국민 대부분에게서 여전히 인기를 얻지 못하고 있다.[18]

철도의 경우 공공서비스를 운영하기 위해 정부가 사기업에 상당한 지원금을 지불하고 있다는 사실이 알려지면서 재공공화 요청이 더 거세지고 있다. 철도보조금에 매년 50억 파운드의 예산이 들어가는데―티켓 요금은 제외한 것이다―이는 민영화 전에 비해 200% 증가한 것이다.[19] 의회에서는 코로나19의 유행으로 인해 철도사업권이 마감될 것이라고 알렸지만, 그게 꼭 민영화가 끝난다는 의미는 아니다. 아마도 철도망 일부에서 이미 이루어지고 있듯 철도 회사가 고정 요금을 받는 새로운 면허 기반의 민영화가 시행될 것이다.[20]

애초에 복지국가로서 건설된 적 없는 나라의 허점들을 메우기 위해 사기업이 개입한 미국과 달리, 영국에서 사기업들은 기존에 있던 공공서비스를 이어받아 운영한다. 이런 서비스들은 (치과를 제외하고는) 사용 시점에는 여전히 무료이나, 대부분 사기업에 의해 운영된다. 이런 서비스들을 운영하는 기업의 실적은 기존에 이 서비스를 직접 운영했던 중앙 및 지역 정부, 지역 NHS 기구 등등의 기관에 의해 감시받는다. 사기업에 돈을 주고 공공서비스 운영을 맡기는 하청 절차는 1980년대 '의무경쟁입찰제도compulsory competitive tendering'의 도입으로 가속화되었다. 이 법은 공공기관으로 하여금 용역을 위한 모든 계약을 입찰에 붙이도록 강제했다. 따라서 모두가 입찰에 참여할 수 있었고 그중 가장 저렴하게 용역을 제공하는 기업이 계약을 따냈다. 이 의무 사항은 1997년에 약간 완화되었지만 그때는 이미 하청이 새로운 정상으로 자리매김한 뒤였다. 현재 매년 2840억 파운드가 외부 공급자로부터 재화와 용역을 구매하는 데 사용되는데 이는 공공지출의 3분의 1이자[21] GDP의 13%에 해당하는 금액이다.[22]

이런 계약들은 정부예산의 큰 부분을 차지할뿐더러 수십만 일자리를 포함하고 있다. 공적 계약을 이행하는 하청업체에 고용된 직원이 정확히 몇 명인지 알아내는 것은 어렵다. 하청과 민영화로 인해 1979년에서 1991년 사이에 공적 부문 기업에 고용된 직원의 수가 150만 명 이상 줄었다는 사실은 확실하다. 망명 신청자에게 거처를 제공하는 일을 포함해 지방 및 중앙 정부와 NHS 신탁에 다양한 계약을 제공하는 기업 서코Serco는 영국에 3만 명의 직원을 두고 있다. 영국 경비 회사 G4S는 2만 5000명의 직원을 고용한다.

앞서 불안정, 유연성, 감정성, 탈중앙화, 양극화와 같은 현시대 일의 경향에 대해 이야기했다. 이제는 이런 경향이 공동소유였다가 민영화된, 하청된 고용에서 어떻게 작용하는지 살펴보고자 한다. 이런 조건에서 일한다는 건 어떤 경험일까? 이를 알아보고자 나는 전국철도해양운수노동조합National Union of Rail, Maritime and Transport Workers: RMT 지부 회의에 참석했다. RMT는 운송 부문 노동자 8만 명을 대표하는 노동조합이다. 민영화된 철도 대부분은 사기업들이 철도를 각각 운행하는 프랜차이즈 모델franchise model로 운영되지만, 표면적으로는 공동소유로 되어 있는 철도망의 여러 부분에서도 사기업에 면허를 주고 서비스 운영 일부(또는 전부)를 제공함으로써 사기업을 개입시킨다. 면허 모델이 표준 철도 프랜차이즈 모델과 다른 점은, 사기업이 철도요금에서 직접 수익을 얻는다는 것이다. 면허 모델concession model에서는 공적 부문에서 사기업에 큰돈을 지불하고 직원 고용을 비롯한 운용 관리를 맡긴다. 사기업은 요금을 받고 서비스를 운영하며 더 구체적인 계약의 의무를 진다. 가장 포괄적인 사례는 트랜스포트포런던Transport for London: TfL(영국 그레이터런던의 교통 전반을 책임지는 지방정부단체―옮긴이)으로서, 런던 언더그라운드London Underground를 직접 소유하고 운용하되 사기업과 계약하여 런던 오버그라운드London Overground와 도클랜즈 라이트 레일웨이Docklands Light Railway: DLR, TfL 레일TfL Rail, 런던 버스London Buses 같은 다른 모든 사업 부문은 면허로 운영하게끔 한다. TfL에서 누리는 이점은 분명하다―직원 연금과 같은 큰 금액은 TfL의 장부에서 빠져나가지 않고, 사기업에서 운영하는 면허 구간의 요금은 런던 언더그라운드와 비할 수 없이 높다. 정부는 철도 민영화가 대중에게 인기가 없다는 것에 민감하므로, 민영 운용자(거의 언제나 사업권 소유자와 같은 외국이 소유하고 있다)의 존재는 대중의 눈에서 숨겨진다.

민영화된 철도는 면허 모델을 이용해 서비스 일부를 제공한다. 면허 모델에서는 기업이 서비스를 운영하고 요금을 받으며, 더 구체적인 계약상의 의무를 진다. 내가 참석한 지부 회의의 노동자들은 잉글랜드 사우스이스트 지역의 철도 면허 구간에서 일한다. 그 아래에 시설관리와 청소 용역을 제공하는 하청업체가 두 개 더 있다. 이런 복합 계약과 하청 구조는 보통은 조직의 최종 손익에 별 영향을 주지 않지만, 평행하거나 중복되는 관료주의 구조를 만듦으로써 전체 비용을 높일 수 있다. 한편으로는 인력을 분할시킴으로써 노동자들이 조직화하기 더 어렵게 만든다. 대리 수수료를 내는 비용이 추가되지만, 가장 불안정하고 낮은 임금을 받는 인력과 핵심 직원들을 계약상으로 분리하는 이점을 생각하면 충분히 벌충된다.

노동조합은 일하는 노동자들의 권리를 옹호하는 조직이다. 이 조합은, 적어도 지부 회의 수준에서는, 일종의 번역 프로젝트와 같다. 회원들은 일상의 문제들을 회의에 들고 오고, 이는 대표들의 번역이나 회의에서의 집단적 변형을 통해 더 구체적인 정치 안건으로 탈바꿈한다. 일상적 일에서 나온 재료가—제복 지급의 지연, 조리 시설과 식당에 대한 접근권, 난방시설 부족이—정치의 문제이자 일의 문제로 가시화된다.

　웨일즈 출신 맑스주의 이론가 레이먼드 윌리엄스Raymond Williams 는 이렇게 말한다. "대부분의 일은 수단이 주어질 때에만 해낼 수 있다. 도구, 재료, 일터, 표현 수단이 있어야 한다. 그러나 어떤 일을 실제로 어떻게 해내야 하는지에 관한 결정은 수단을 소유하거나 통제하는 이들의 손에 달렸다. 일의 수단이 필수 자본을 소유한 소수의 손으로 넘어간 것이다."[23] 이런 일상적 근심들은 집단적 번역을 통해 정치적 문제임이 밝혀질 때, 일의 핵심에 가닿는 질문이 될 수 있다. 일이 수행되는 조건에 압력을 가할 수도 있다. 내가 참석한 지부 회의에서는 많은 이들의 고민이 현시대 일의 관습으로 인해 노동자들에게 지워진 요구, 특히 감정적 요구와 친절한 고객서비스 정신을 가지라는 요구에서 비롯되고 있었다. 시장화된 고등교육에서와 마찬가지로 민영화된 철도에서는 '고객 경험'이 왕이다. 그러나 고객의 만족이 반드시 더 나은 서비스를 의미하지는 않는다. 고객의 만족이란, 노동자들이 항상 미소를 짓고 '고객(승객)'들을 보면 10초 안에 인사를 해야 한다는 의미다. 경영 상부에서부터 말단까지 철도와 무관한 인력을 고용할 수 있다는 뜻, 저항을 틀어막고 일터 문화를 크게 바꿔버리기가 쉬워졌다는 뜻이다. 노련한 철도노동자들에게 깊이 배어든 '나쁜 습관'(이라고 쓰고, 노동조합 가입이라고 읽는다)을 없애려는 노력은, 그것이 모방하고자 하는 불안정한 일터 문화를 들여왔고 높은 이직률과 낮은 사기를 낳았다. 많은 '평생직장'이 산업 전체가 파괴되면서 사라진 반면, 전통적으로 근속연수가 높았던 철도는 파괴가 아닌 소모로 인해 부식되고 말았다.

사유화되고 시장화된 공적 부문에서 브랜딩은 핵심이다. 대부분의 경우 사람들은 어떤 서비스를 사용할지에 관해 진정한 선택권이 없지만(출근길엔 정해진 기차를 타야 하고 아프면 보통 제일 가까운 병원에 간다), 시장 이데올로기는 이를 무시하고 모든 사람, 모든 것이 브랜드 정체성을 인식하고 계속 개선해나가야 한다고 주장한다. 이는 일상적 일에도 영향을 준다. 당신은 브랜드가 찍힌 제복을 지급받고, 착용하고, 세탁해야 한다. 한번은 본사에서 역을 방문하러 나온 면허측 임원 한 사람이 모든 회사 직원에게 (수치스럽게도 브랜드가 박히지 않은) 장갑을 벗으라고 억지를 부린 일이 있었다. 브랜드는 긍정적인 고객 상호작용을 통해 표현된다. 돈을 받고 서비스를 이용한 뒤 자신이 어떤 서비스를 받았는지 회사에 보고하는, '미스터리 쇼퍼mystery shopper'에 의해 확인되고, 회사는 측정되고 의례화된 이 과정을 중앙에서 감시한다.

면허 모델은 핵심성과지표Key Performance Indicator: KPI를 규정하고 기준 미달인 면허 운영자에게 벌금을 부과함으로써 프랜차이즈 모델의 비효율을 없앨 수 있다고들 한다. 그런데 노동자를 조종하고 관리하기 위한 지표인 KPI는 비뚤어진 장려책을 낳는다. 어떤

KPI는 모든 역에서 기차 시간표가 작동해야 한다고 규정한다. 시간표가 하나라도 망가져 있으면 면허 운영자는 벌금을 받는다. 따라서 기차 시간표 양면 중 한쪽은 멀쩡하게 작동하거나 다른 시간표가 잘 보일 때조차도 벌금을 피하려면, 노동자 한 사람이 기차 시간표 밑을 지키고 서서 승객들에게 기차 시간 정보를 제공해야 한다. 기차는 다른 면에서 서비스에 부정적 영향을 주는 한이 있더라도 성과지표에 부합하도록 수익을 극대화하는 방향으로 운영되어야 한다. 한 RMT 대표는 내게 이 사실이 충격적일 정도로 극명하게 드러나는 사례를 들려주었다. 기차가 늦으면 시간을 맞추고 벌금을 피하기 위해 작은 역에서 정차를 건너뛰기 일쑤라는 것이다. 그로 인해 5-10명의 승객들이 승강장에서 30분을 더 기다려야 한다.

표면상으로는 탈중앙화된, 그러나 안을 들여다보면 더 깊이 집중된 권력이 숨겨져 있는 새로운 일의 역설은 면허 모델의 경영진이 자발적이고 감정적인 행동을 가져다가 관례화했다는 데에서 특히 명백하게 드러난다. 기차역 입구에 위치한 인용구 보드의 사례를 보면 이해가 쉬워진다. 몇 년 전, 런던 지하철역 노동자들은 서비스 업데이트를 알리는 티켓 판매실의 화이트보드에 인용구를 적기로 스스로 결정했다. 감성적이고, 유머러스하고, 진중하고, 진짜 영감을 주고, 때론 깊이 마음을 울리는 문구들이었다. 승객들은 화이트보드 사진을 찍어 소셜 미디어에 공유했다. 그런데 문제의 면허 모델에서, 이런 자발적 행위가 중앙의 지시에 의해 변질되었다. 모든 역이 다음날 아침에 적을 똑같은 문구를 이메일로 통보받았다.

직원들은 화이트보드에 문구를 쓰고 면허 모델의 내부 애플리케이션에 증거 사진을 올려야 했다. 왕과 같은 고객의 눈에야 자발적인 행위처럼 보이겠지만, 표면 아래에선 자본주의의 흡혈적 경향(맑스의 묘사다)이 들끓고 있다.

노동자들에게는 감정적 완충장치라는 역할이 주어진다. 승객의 걱정을 다독여주어야 하고, 그것도 자발적으로 그러는 듯이 보여야 한다. 스스로 할 수 있다는 신임을 얻지 못할 경우 대본을 따라야 하며, 대본대로 잘 하는지 검사도 받는다. 예를 들어 티켓 검사원들은 승객에게 모두 똑같은 장소, 대영박물관으로 가는 길을 알려주는 연습을 해야 한다. 이런 기괴한 고객서비스 의례가 매일 반복된다. 노동자는 매일 똑같은 질문을 받는다. 답을 달달 외우고도 남았겠지만, 답을 찾는 시늉을 해야 한다. 더 우스꽝스러운 것은 이 절차가 문자 그대로 게임이 되었다는 것이다. 실제로 노동자들에게 길을 안내하는 법을 가르치려고 설계된 인터랙티브 게임이 있다. 이런 의례의 바탕에 깔린 메시지는 노동자들이 다소 모호한 '고객서비스'에 걸맞도록 개조되어야 한다는 것, 시범을 보지 않으면 자기 일을 제대로 해내는 방법을 모른다는 것이다.

유동적인 대행사 직원의 사용이 늘어난 데에서, 심한 감정적 요구에서, 의례화된 가짜 자발성과 사교성에서, 비뚤어진 장려책에서, 면허 모델의 업무 관행은 지난 몇십 년 동안 일의 조건이 어떻게 변화했는지 예증한다. 그리고 일이 점진적으로 나아지고 있다는 미신과 일이 더 인간적이 되어가고 있다는 미신을 반증한다. 주관적이므로 측정하기 어려운 한 개인의 경험을 기준으로 삼는다면, 일이 더 나아졌거나 나빠졌다고 말할 수 없을 테다. 그러나 노동자들에게 지워진 감정적 요구와 불안정, 일터에서 스스로 시간을 통제할 수 없으며 일터 바깥에서도 마찬가지라는 사실이 일하는 삶이 점점 더 나아지고 있다는 생각에 문제를 제기한다고는 말할 수 있을 것이다. 현시대 일의 많은 부분을 빚는 불가사의하고 의례화된 고객서비스 관행들은 노동자를 자신이 하는 또는 해야 하는 업무에서 분리시키고, 자기 자신에게서도 분리시킨다. 오늘날의 수많은 노동자들이 그토록 비참한 처지에 놓였다는 건 놀랄 일이 아니다.

4장　　　　　　# 일은 우리 개인에게
　　　　　　　　　# 무엇을 하는가?

당신의 몸의 역사는 하나, 또 하나, 당신을 파괴시키는 이름들의
역사다. 당신의 몸의 역사는 **고발**로서 존재한다.

_에두아르 루이Edouard Louis [1]

추상적인 일은 즐거움을 줄 수 있을 것처럼 보인다. 우리는 무
언가 만들고 남을 돌보기 위해 쏟는 노력에서, 심지어 반복되는 작
업의 리듬에서 기쁨을 찾을 수 있다. 납작한 포장 상자로 유명한 스
웨덴 가구점의 이름을 따서 '이케아 효과Ikea Effect'라고 불리는 현상
은 우리가 직접 만든 물건에 더 큰 가치를 부여하는 경향을 포착한
다. 하지만 자본주의 안에서 일하는 개인에게, 노력의 즐거움은 공
정하게 분배되지 않는다. 일이 개인에게 줄 수 있는 보람과 인정도

마찬가지다. 우리는 너무나 많은 시간을 일에 쏟은 바람에 기쁨이나 보람을 주는 다른 원천을 찾지 못하는 지경에 이르렀다. 우리가 일에서 느끼는 즐거움과 보람의 크기는 일에 대한 통제권의 크기에 달렸다.

물론 다른 직업보다 나쁘다고 간주되는 직업들이 있다. 노동자에게 더 나쁘거나 해로운 영향을 미치는 직업들이다. 노동자는 지위가 낮아지거나, 고되고 반복적인 노동을 해야 하거나, 위험한 일을 함에도 영웅 대우를 받지 못한다. 예를 들어 도살장 일은 이 모든 분류에 해당된다. 도살장에서 6년 동안 일한 여성은 자신의 경험을 이렇게 묘사한다.

하지만 나는 곧 이 일이 여느 일자리와 같다고 생각하는 게 무의미함을 깨달았습니다. 모든 도살장이 똑같지는 않겠지만 내가 있던 일터는 잔인하고 위험했습니다. 도살자들은 기절시키는 절차를 전부 통과하고도 발작하고 있는 커다란 소를 도살 기계에 올리다가 숱하게 걷어차였습니다.

나는 신체적 부상은 당하지 않았지만, 정신적 영향을 받았습니다. 창문 없는 거대한 상자 속에서 하루하루 보낼수록 가슴이 점점 무거워졌고 잿빛 안개가 제게로 내려앉았습니다. 밤에는 낮에 목격한 공포스러운 장면을 재생하는 악몽에 시달렸습니다.[2]

일은 생리적으로 지극히 위험할 수 있는데, 예를 들어 합성섬유 레이온을 만들 때 방출되는 이황화탄소나 건물을 절연 처리할 때 이용되는 석면에 노출되는 일자리가 그렇다. 표준적인 9-5시 근무시간이 아닌 때에, 심지어 밤에도 일해야 하는 교대근무는 심각한 심혈관 문제를 일으킬 수 있으며 불안과 우울증에도 영향을 준다.[3] 배달노동자들은 교통사고나 폭력에 취약하며, 특히 시간의 압박이 심한 환경에서 혼자 일할 때 더욱 그렇다.[4]

일의 문제는 종종 이런 해로운 일자리의 분배에 관한 문제로 간주되곤 한다. 더럽거나 어렵거나 나쁜 시간대에 해야 하는 일도, 어쨌든 누군가는 해야 한다. 누군가 이런 일을 맡아야 한다는 건 불운이며 그 누군가에게 더 좋은 보상이 주어져야 할지도 모른다. 그런데 일을 이렇게 분류하다가는 중요한 것을 놓치게 된다. 해로운 일과 다른 일들의 차이는 종류의 차이가 아니라 정도의 차이다. 우리가 하는 모든 일은 우리의 건강, 우리가 자기 자신과 맺는 관계, 우리가 타인과 맺는 관계에 중대한 영향을 준다.

건설업은 특히 현장 부상율이 높아서 난청, 호흡 문제, 폐 질환, 피부 질환, 허리 부상의 위험이 있다. 회계연도 2018-2019년에 영국의 건설 부문에서는 30건의 현장 사망사고와 5만 4000건의 부상 사고가 있었다.[5] 그러나 일반적으로 육체노동으로 간주되는 일만이 신체적 부상을 일으킬 수 있는 것은 아니다. 같은 해에 건강 및 돌봄 부문에서도 7만 4000건의 부상이 있었다.[6] 돌봄을 위해 타인의 몸을 들고 지탱하는 일도 신체를 사용하므로 위험할 수 있다. 청소도 마찬가지다. 덴마크에서 전업 청소부들을 대상으로 설문한 결과, 전체의 20%가 노동의 결과로 매일 고통을 경험한다고 한다.[7] 보통 '정신노동'[8]이라고 불리는 종류의 일자리에서도 몸을 움직이고 조작해야 하는 건 다르지 않다. 사무직 노동자들은 하루 종일 몸의 균형을 깨뜨리는 의자와 책상에 앉아 일한다. 요식업계의 서빙 직원들은 온종일 서 있으며, 식사를 할 시간조차 내지 못한다. 계산대를 조작하는 것은 특히 허리와 어깨, 팔에 근골격 부상과 문제를 일으킬 수 있다.[9] 공장 생산 라인에서든 사무실에서든 반복적인 움직임은 인간의 몸을 손상시킨다. 전 세계 아이폰의 절반을 비롯해 다수의 애플 제품을 생산하는 팍스콘 공장 노동자들은 작업 중 반복하는 움직임을 일터 바깥에서도 부지불식간에 하게 된다고 보고한다.[10]

일은 신체적 스트레스뿐 아니라 심리적 문제도 일으킬 수 있다. 정신 건강과 신체 건강은 유관하므로 딱 잘라 구분하지 않는 편이 좋지만, 현재 일이 일으키는 피해에 대한 데이터에서는 두 건강을 구분하고 있다. 정신과 신체가 분리되어 있다고 상정하는 것은 안타까운 일이며 유용성이 떨어진다. 그래도 우리가 가진 통계들을 이용해야지 어쩌겠는가. 그 통계들은 상당히 음울하다. 영국에서 일과 관련된 질환의 가장 큰 원인이 업무량에 대한 압박이다. 영국에서 사용된 병가의 12.7%는 정신 건강으로 인해 신청되었다.[11] 이런 문제들은 일터 외부의 것이 아니며, 일터의 조건으로 인해 악화되기 일쑤다. 일의 압박을 이해하는 유용한 방법 하나가 업무 강도

(주어진 시간 동안 무엇을 생산해야 하는가에 대한 기대)와 초과근무(계약된 근무시간을 넘어 일하는 시간)를 기준으로 일을 살펴보는 것이다. 높은 업무 강도와 초과근무는 둘 다 노동자에게 스트레스와 피로를 야기한다.[12] 2019년에 무급 초과근무로 고용주들이 벌어들인 돈은 327억 파운드에 달한다.[13] 여기에 더해 업무 이메일과 관리자로부터 온 왓츠앱WhatsApp 메시지가 우리의 저녁을 좀먹는다. 한 연구에 의하면 노동자들은 근무시간 외에 주당 평균 8시간을 업무 관련 이메일에 답장하느라 쓴다고 한다.[14] 싱크탱크 어터너미Autonomy의 디렉터 윌 스트런지Will Stronge가 표현하듯 "커뮤니케이션 기술은 고용 계약된 시간과 그 밖의 시간의 경계를 소멸시켰다."[15] 더 깊고 길게 일하는 패턴은 원래도 존재했던 스트레스와 나쁜 정신 건강을 악화시킬 뿐이다.

통제와 선택의 환상

일터에서의 과잉 노력은 노동자 개인의 선택처럼 보이기 쉽다. 사람들은 때로 더 오래 일하는 것처럼 보이려고 퇴근을 늦게 하거나, 더 열심히 일하는 것처럼 보이려고 더 빨리 일한다. 이는 자유의지에 의한 결정처럼 보일 수도 있다. 자유로운 선택처럼 느껴질 수도 있다. 그러나 많은 노동자들이 일에 전심을 쏟는 듯이 보여야 한다는 극심한 압박을 느끼곤 한다. 계약된 업무 내용에 충실하게 일하고 기대받은 작업을 숙달하는 수준에 만족하는 사람은 현대 일터에서 게으름뱅이 취급을 받는다. 우리는 쉴 새 없이 발전하고, 능력을 갈고닦고, 모든 사람을 고객처럼 대접하고, 절차를 개선시키고, 반성하고, 칭찬하고, 검토하고, 변화하라는 기대를 받는다.

초경쟁적인 일터에서는 직원 간 경쟁으로 인해 이런 압박에 불이 붙을 수도 있다. 그러나 보통 이를 부추기는 건 경영진이다. 고용주들은 두 가지 면에서 우리를 통제한다. 첫째로, 고용주라는 집단이 우리 삶을 간접적으로 통제한다. 아주 부유하지 않은 한, 우리는 살기 위해 일해야 한다. 우리를 고용해줄 고용주가 필요한 것이다. 둘째로, 우리는 우리가 일하는 조건을 선택하지 못한다. 일터에서 우리가 하는 활동을 직접 통제하는 것은 고용주들이다. 이는 오직 그들만이, 택시 운전자가 다음으로 누굴 태울지 정하는 알고리즘의 작동방식을 알고, 근무시간을 정하고, 노동자들에게 주어지는 장비를 통제한다는 의미다. 우리는 노동하는 조건을 스스로 통제하지 못하며, 이에 대해 이의를 제기하는 것도 쉽지 않다. 배경에 깔린 부자유로 인해 ― 우리가 일하도록 강요받는다는 사실로 인해 ― 적절한 안전장비를 지급하지 않거나, 초과근무에 대해 일상적으로 수당을 미지급하거나, 심지어는 괴롭히거나 차별하는 것과 같은 일터의 나쁜 관행에 이의를 제기하기는 한층 어려워진다. 살기 위해 일자리가 필요하다면, 특히 일자리를 얻기가 어렵다면 (필요한 기술이나 면허가 없거나 실업률이 높다면) 상사가 당신에 대해 지닌 통제권은 더 커진다. 일이 당신을 원하는 것보다 당신이 일을 더 원하는 경우 당신이나 다른 사람의 건강을 위험에 처하게 하는—또는 당신을 비참하게 만드는—관행을 받아들일 가능성도 커진다. 이런 상황이 괴롭힘과 비하 행위를 낳을 수도 있다. 온라인 커뮤니티에서 상사가 자신의 아픈 형제를 위해 모든 직원에게 잠재적 간 기증자로 등록하라고, 그러지 않으면 해고하겠다고 협박했다는 극단적인 경우를 보기도 한다.[16] 보다 일상적인 사례를 들자면, 노동자들은 조정이나 휴가를 요청하기를 어려워한다. 아플 때에도 일을 하는 게 보통이다. 출근하지 않으면 돈을 벌지 못하기 때문이기도 하고, 가능한 한 열심히 일하는 듯이 보이는 데에 장래의 커리어가 달려 있기 때문이기도 하다.

직접 통제는 상사나 '팀 리더'로부터 관리자를 통해 내려온다. 또는 상사의 상사조차 통제하지 못하는 알고리즘으로부터 내려오는 경우도 늘고 있다. 일례로 아마존 창고에서는 노동자 각각의 행동이 끊임없이 감시된다. 배달할 물건을 찾는 데 얼마나 걸리는지, 화장실에서 얼마나 오랜 시간을 보내는지 등이 기록된다. 노동자의 행동은 목표 기준과 비교되는데, 그 기준이란 시간당 박스 100개를 포장하는 것과 같이 버겁기 마련이다. 요구되는 기준에 미달할 경우 노동자는 해고될 수 있다. 이 절차가 실행되는 내내 사람은 아예 개입되지 않는 게 보통이다.[17] 노동자들은 알고리즘에 의해 관리되고 심지어 해고된다. 이것이 일터에서 통제의 속성을 변화시킨다. 사람의 결정이 아예 빠진 건 아니지만—어느 시점에서 누군가 다른 사람의 지시를 따라 알고리즘 코드를 짰을 것이다—돈을 받고

하는 일과 일터에서 맺는 관계는 달라진다. 관리자가 당신을 감시하고 최적 수준에 미치지 못하게 일하는 것을 포착하는 경우와 달리, 이 시스템에는 숨을 곳이 없다. 아마존 창고에도 관리자가 있지만 그는 단순히 컴퓨터가 내린 지시를 따를 뿐이다. 그러니 이해할 수 없는 일상적 결정에 항의하는 것이 불가능해진다. 한 아마존 창고 노동자는 이렇게 표현했다. "AI는 당신의 상사, 상사의 상사, 상사의 상사의 상사다. 목표 생산율, 교대조 할당량, 업무 분장을 AI가 정한다."[18]

위에서 개괄했듯 통제는—알고리즘의 통제든 사람의 통제든 둘의 조합이든—우리가 일과 맺는 관계를 정하고, 우리를 일로 인한 위험에 몰아넣음으로써 위험한 관습에 이의를 제기하기 어렵게 만든다. 그러나 통제에 깃든 위험은 개별적 순간들의 총합을 넘어선다. 통제권의 부족 자체가 나쁜 건강과 고통의 원인이 될 수 있다. 영국 공무원을 대상으로 한 어느 연구에서는 지위 및 일상 업무에 대한 통제권의 크기와 그것이 건강에 초래하는 결과에 밀접한 관계가 있음을 밝혔다.[19] 통제권이 더 크고 지위가 높으면 더 큰 스트레스와 건강 악화에 시달릴 이어질 거라고 생각하기 쉽다. 일반적으로 '책임'이 있는 자리에 오른다는 것은 스트레스를 받는 일이다. 그러니 큰 영향력을 지닌 중책들이 자주 휴가를 가고, 디지털 디톡스 기간을 가지며, 스트레스에 대처하기 위해 고급 스파를 방문하는 것 아니겠는가. 그러나 이 연구에서는 매일 똑같은 개수의 담배를 피울 경우 지위가 높은 공무원이 낮은 공무원보다 폐암으로 죽을 확률이 더 낮다고 밝혔다. 같은 사무실에서 일하는 상급 공무원과 하급 공무원 사이 사망률이 3배나 차이나는 현실을 설명하는 유일한 요소는 일에서 통제권을 가지는지 여부였다.[20]

'좋은 일'

영국에서 안정적이고 영구적이며 장기적인 일자리의 가능성이 줄어들자, 다른 주체와 더불어 정부 역시 '그럭저럭 괜찮은' 또는 '좋은' 일자리로 주의를 돌렸다. 가령 영국 공중보건국에서는 좋은 일자리가 괜찮은 임금, 개발과 훈련의 기회, 가정생활과 일의 균형이 주어지는 유연하고 위험이 없는 일자리라고 주장한다. 그들은 이렇게 조언한다.

> 좋은 일자리를 갖는 것이 일을 하지 않는 것보다 건강에 좋다. '좋은 일자리'란 좋은 근무시간과 근무조건, 협력적인 경영진이 있고 훈련 및 개발을 위한 기회가 주어지는 안전하고 안정적인 일자리로 규정된다.[21]

공중보건국이 제안하는 조건은 오늘날 많은 노동자들이 처한 상황보다 월등히 좋지만—일이 건강 문제를 초래할 수 있는 상황에서 '안전한' 일이 존재하긴 하는지 의문을 제기할 수는 있으리라―여기엔 통제라는 핵심 요소가 빠져 있다. 일에서 통제의 문제는 자주적 결정과 일상적 근무조건에 대한 통제뿐 아니라 노동자(아주 작은 통제권을 지닌다), 관리자(일상적 권력을 얼마간 위임받았다), 상사(일터의 조건에 대해 훨씬 큰 통제권을 지닌다) 사이 권력 차이의 감소 또는 심지어 소멸과 관련된다.

일을 할 때 스스로 활동을 충분히 통제하지 못하는 것이 왜 그리 해로운지 이해하려면 맑스의 '소외' 개념이 도움이 된다. 맑스의 설명에 의하면 의식적이고, 창조적이고, 세상을 창조하는 활동에 참여하는 것이 인간적인 것이다. 그런데 자본주의에서 탈취당한 계급은 이 능력을 왜곡시켜 부유한 자들에게, 능력을 쏟을 부지와 기계를 소유한 자들에게 팔도록 강요받는다. 이것이 인간의 사회적 삶에 처참한 영향을 미친다. 노동자는 자기 자신과 자신을 둘러싼 세상을 이해할 수 없고, 타인과의 관계는 도구적이 되며, 온 세상이 낯설게 보인다.

가난한 자의 지하 주거지는 적대적 요소다 …… 이 주거지는 가정으로 여길 수 없다 …… 그는 다른 사람의 집에, 항상 그를 감시하며 월세를 내지 않으면 쫓아내는 낯선 사람의 집에 사는 듯이 느낀다.[22]

스스로 통제하지 못하는 조건에서, 자신에게 힘을 행사하는 상품을 다른 사람의 이윤을 위해 생산하는 경험은 인간의 잠재력을 좌절시킨다. "좋은 일자리를 가지는 것이 일자리가 없는 것보다 건강에 낫다"라는 영국 공중보건국의 주장으로 돌아가보자. 일자리가 있음에도 불구하고 빈곤하게 사는 사람의 수가 역대 최고인 지금, 이 주장은 다소 혼란스럽다.[23] 공중보건국에서는 대부분의 접근 가능한 일자리가 '좋은' 일자리의 기준을 충족시키지 못한다고 주장할지도 모르겠다. 하지만 '좋은' 실직의 기준은 어떠한가? 일자리를 가지는 것이 건강에 좋은 유일한 이유는 실업자들이 마주하는 조건—정치적 선택으로 만들어진 조건—때문이다.

영국 정부에서는 잇따라 실직한 노동자들을 위한 보호장치를 궤멸시켰다. 복지수당 제재와 삭감이라는 징벌적 조치로 사람들을 어떤 종류든 '일자리로 복귀'시키거나 심지어 무급 노동을 하게 만들었고, 그로써 수천 명의 인생을 망쳤다. 런던에서 활동하는 청각 장애인 및 장애인 기구 인클루전런던Inclusion London의 정책 및 홍보 담당 직원 레이철 오브라이언Rachel O'Brien은 내게 말했다.

징벌적 접근은 수천 명의 인생을 망쳤습니다. 징벌적 시스템이 사망의 직접적 원인이 되는 일도 있었습니다. 블로그 칼럼즈리스트Calum's List에서는 복지 개혁으로 인한 자살을 기록해왔고,[24] 장애 뉴스 서비스Disability News Service에서는 지난 5년 동안 '근무 적합'으로 평가받은 사람들의 죽음과 고용노동부 소속 상급 공무원 및 각료들의 부당 행위를 조사하여 고용노동부에 대한 논고를 발표했습니다. 장애인들은 구인광고와 채용 절차에 존재하는 차별을 뚫고 힘겹게 일자리를 얻더라도, 점점 벌어지는 임금격차를 마주하게 됩니다. 또한 더 적은 권리를 누리는 0시간 계약으로 고용될 가능성이 더 높습니다.

이데올로기적 정당화를 소급적용하기 위해서든 복지국가의 역할 축소에 바탕이 되는 윤리 때문이든 열심히 일하는 것이 도덕적으로 선하며 게으름은 죄라는 주장이 현시대 정치에 만연하다. 일자리가 없는 것은 곧 실패한 것이다. 임금 사회에서 유급 노동과 일자리는 타인에게 인정받는 주된 경로다. 다음 장에서 더 자세히 다루겠지만, 일이 인간의 사회적 삶의 점점 더 많은 부분으로 확장되면서 일에 대항할 만한 인정의 원천이—우정, 취미, 공유되는 사회적 관습 등이—사라졌다. 그리하여 일자리를 잃으면 자본주의 안에서 가능한 제한적이며, 계급화되고, 도구적인 인정마저 잃게 되는 것이다.

일, 불평등 그리고 수치

일은 우리에게 얼마간의 인정을, 우리가 생각하는 자신의 모습을 남에게 보인다는 느낌을, 동료 인간들로부터 가치 있게 여겨질 기회를 제공한다. 일은 우리가 세상과 타인과 상호작용하는 방식에 변화를 일으키기도 한다. 식당 종업원으로 일해본 사람은 접시를 보통 손님의 왼쪽에서 서빙하고 오른쪽에서 치운다는 사실을 알기에 레스토랑에서 식사를 할 때 종업원의 일을 거들고자 본능적으로 왼쪽이나 오른쪽으로 몸을 기울일지도 모른다. 이렇듯 일이 바꿔놓는 것은 생리적 부분만이 아니다. 종업원으로 일하며 접시 여러 개를 옮기느라 팔과 손목이 강인해졌고 손의 피부가 극단적인 온도에 지나치게 둔감해졌을 테지만, 주어진 환경에서의 지향도 바뀌었을지 모른다. 일터에 대한 지식, 일터 내에서의 지향은 우리가 하는 일에 의해 빚어진다. 청소부는 상급 관리자와는 다른 방법으로 일터와 더 넓은 세상을 탐색할 것이다. 자신이 있을 곳을 아는 것은 공간적 현상인 만큼이나 심리적 현상이다.

'낮은' 지위로 여겨지는 일자리(기술이 필요 없는 육체노동, '더러운' 일, 반복적 서비스업 등)는 높은 지위의 일자리에서 누리는 의미, 자율성, 인정을 거부당했다. 사회학자 리처드 세넷은 이러한 지위 부족과 그로 인한 심리적 영향을 "계급의 숨겨진 부상負傷"이라고 부른다. 그는 계급사회에서는 누구나 "안정적인 존엄"을 지닌 존재로 여겨지지 못한다고 주장한다. 누군가의 계급 지위가 "개인적 능력의 궁극적 결과로서 드러나기 때문"이며, 계급 체계 바깥에서 자아를 정당화하려는 시도는 실패할 가능성이 높으므로 "본연의 불안을 강화"시킬 가능성도 높다.[25] 세넷이 주장하기를, 계급 상승에 성공하더라도 불안감은 떨치지 못한다. 불안과 고통은 인간의 사회적 삶에 전체적으로 스며들어 있으며 일터는 그것을 직면하는 장소다. 지위가 낮은 이들은 그 '위의' 사람들에게 지시받고, 관리받고, 감시당한다. 도구적으로 취급받을 뿐 아니라 이 도구성과 그것이 취하는 굴종적 형태로 인해 지위가 하락한다.

생애 초기에 겪은 두 사건으로 인해 나는 지위의 차이가 미치는 심오한 영향에 대해 알게 되었다. 첫번째 사건은 초등학교 바깥에서 두 여자의 싸움을 목격한 것이다. 한 사람은 학교 서무실에서 일했고, 싸움 중 밝혀진 바로는 자녀를 데리러 온 학부모였던 다른 여자네 집에서 청소부로도 일했다. 나는 두 사람이 함께 있는 모습을 자주 봤기에 둘이 친구라고 생각했다. 어른들이 자녀가 단순하고 쉽게 친구를 사귀리라 가정하듯 아이들은 친구처럼 행동하는 어른들이 진짜 친구라고 가정하는 경향이 있다. 싸우는 도중 두번째 여자가 쏘아붙였다. "우리 집 변기나 청소하는 주제에." 이 말은 10미터 반경 내에서 싸움을 구경하던 모든 사람에게 충격을 줬고 며칠 동안 교내에서 반향을 일으켰다. 지위 낮은 일을 하는 사람들에 대한 경멸을 표현한 한마디였다. 심지어 그 말을 한 사람은 노동자들이 청소할 더러움을 만드는 이였다. 두번째 사건은 열한 살 때 수입 조사를 받고 사립학교에 갈 학비 보조금을 받은 것이었다. 나는 대학에 갈 가능성이 가장 낮은 집단—무상급식 수급자—에서 미래에 금칠이 된 이들의 집단으로 이동했다. 이런 종류의 계급이동은 장성한 어른에게도 불안한 경험이다. 아이에게는 노력 없이 잘못 주어진 특권의 세계로 들어가는 혼란스럽고 외로운 경험이다. 가난하게 자란 아이를 데려다가 대단한 부자들 사이에 둘러싸이게 하면, 게다가 자선이라는 수단으로 그 자리에 가게 만들면, 아이는 아주 빨리 계급의 명시적·암묵적 윤곽을 보게 된다. 이는 단지 얼마나 재산이 있느냐의 문제가 아니라 (사실 다른 모든 게 이 문제의 후속일 뿐인 경향이 있긴 하지만) 몸가짐을 어떻게 배웠는지, 스스로에 대해 어떻게 믿도록 기대받았는지, '낮은' 지위 사람들을 어떻게 보도록 배웠는지의 문제이기도 하다. 계급은 어떤 사람들은 목소리를 내게 하되 다른 이들에겐 침묵을 강요함으로써 권력과 주체성을 앗아가도록 허락하는 메커니즘이다. 계급의 언어는 특정한 일의 언어이기도 하다—중산층 전문직들은 지위가 낮은 이들의 언어에 비해 이해하기 어렵고 인간성을 말살시키는 기술 전문가들의 은어로 이야기한다. 이런 언어를 사용할 능력, '결과' '앞으로 나아가기' '내 지난 이메일에서 보듯'과 같은 용어로 이야기할 능력은 전문적인 소프트 스킬에 해당하며, 능력을 소유한 자들에게 일자리를 더 쉽게 옮기고 역경의 시기에 지위와 물질적 지원을 더 쉽게 얻을 능력을 준다.

노동이 더 큰 존경과 존엄을 누릴 가치가 있는 직업과 그렇지 않은 나머지로 분화한 것은 심각한 피해를 초래한다. 일시적으로든 영구적으로든 일자리에서 밀려난 이들에게 실직은 단지 수입을 잃는 것이 아니라 사회적 존경을 얻을 주된 처소를 잃는 것이다. 그로 인해 여러 면에서 심한 소외가 일어난다. 자기표현을 할 수 있는 몇 안 되는 곳이 일터라는 것은 우스운 일이다. 일에서 보람을 찾아서는 안 된다는 이야기가 아니다. 하지만 일이 대부분의 사람들에게 요구하는 근무시간이 워낙 긴 데다가 의미와 보람을 찾을 다른 원천이 파괴되고 줄어들었음을 감안하면, 다른 순간에 보람을 느낄 가능성은 희박해진다. 일을 할 수 없거나 취직을 할 수 없는 사람은, 특히 가난한 사람은, 사회에서 배제된다. 일하는 것을 공동체에 소속되는 것과 동의어로 간주하는 정부와 주류 언론이 사용하는 "회피하는 사람 대 노력하는 사람"의 수사에서 더욱 그렇다.[26] 일에서의 배제는 그래서 두 배로 폭력성을 띠게 된다. 구조적·사회적 문제가 개인적 실패로 소개되는, 또 하나의 '계급의 숨겨진 부상'이 되는 것이다. 복지에 붙은 조건들과 전체 수급액의 감소로 인해 "일해서 돈을 벌게 한다"라는 목표는 달성할지 몰라도, 빈곤과 배제라는 인공적으로 만들어진 상태 또한 그에 비례해 더욱 심해질 것이다.

일을 하는 '대가를 받는' 것은 임금이 오를 때지, 일 바깥의 사람들이 서 있는 바닥이 낮춰질 때가 아니다. 그런데도 이 잔인한 시스템은 형편없는 일을 하는 사람 아래에 또 하나의 사회적 층위를 만든다. 작가 케리 허드슨Kerry Hudson은 이 계층에서 성장한 경험에 대해 "모든 것을 둘러싼, 싫증나는, 잔인하고 인간성을 말살시키는" 빈곤이 "나의 뼈와 피와 근육, 나라는 존재 자체"를 형성했다고 묘사한다. 계급이 남긴 정신적 부상은 소설가로서 성공한 뒤에도 낫지 않았다. "평생 매일같이 네겐 남에게 줄 만한 어떤 가치 있는 것도 없다는 말을 들었다면, 사회에서 너는 아무런 가치도 없다고 들었다면, 그 뒤로 얼마나 성공했든 '천한 태생'이라는 느낌을 벗어날 수 있겠는가?"[27] 노동조합을 비롯한 노동계급 조직들에 정치적 공격이 가해지고 있다는 건, 사회적 문제의 사유화에 정치적으로든 다른 사람에게든 이의를 제기할 방법이 줄었다는 뜻이다. 그리하여 인정과 보람에 대한 접근권이 불공정하게 분배된 데에 따르는 상처와 자기 비난은 고립된 개인들의 비밀스러운 소유로 남게 된다.

괴롭힘과 막말을 당하는 것은 여러 부문의 일에서 사실상 업무 내용에 포함되어야 할 정도로 흔하다. 특히 젠더화되고 인종화된 서비스 부문에서 그러하다. 그런데 근무하는 시간이 우리의 생리적·공간적 지향에 영향을 준다면, 우리의 자존감에는 어떤 영향을 주겠는가? 서비스업에서 요구하는 바와 같이 여성스럽고 공손하게 말하고 움직이는 패턴의 일상적 반복이 우리의 자존감과 일 바깥에서의 우리의 삶에 어떤 영향을 미치겠는가?

앨리 혹실드에 따르면, 우리가 타인의 요구에 따라 자신의 감정 상태를 만들고 관리해야 한다는 기대를 받을 때 성격과 자아에 심한 부하가 걸린다. 노동자의 "표정"과 "느낌"의 "분리"는 "잠재적으로 둘을 소원하게 한다."[28] 우리의 감정은 "원석"으로 취급받는다.[29]

업무의 일환으로 감정 상태를 관리하거나 만들라는 요구를 받을 때, 우리의 인격이 원자재라는 관점도 강화된다. 일은 우리에게 극심한 요구를 한다. 일을 할 때, 우리 몸의 능력은—신체적·정신적·감정적 능력은—발언권이 거의 주어지지 않는 조건에서 이윤을 위해 사용된다. 서비스업의 비중이 큰 경제에서 우리는 점점 더 우리 자신의—우리 인격의—많은 부분을 고용주를 위해 사용하게 된다.

장기적이고 안정적이고 영구적이며 급여가 좋은 일자리의 가능성이 줄어드는 상황에서, 일은 여러 방향으로 스멀스멀 확산한다. 우리는 더 열심히 일한다. 우리는 더 오래 일한다. 일터에서 우리는 감정과 인격을 고용주의 이윤을 위해 사용해야 한다. 공식적인 근무시간 밖에서도 우리의 사회적 삶을 더 굴착하라고, 취미를 부업으로 삼아서 현재 일자리의 빈약한 봉급으로도 먹고살 수 있게 하라고, 사회적·문화적 자본이나 자원을 그러모아 미래에 다른 일자리를 얻을 준비를 하라고 요구받는다.

일을 해롭게 만드는 것은 단지 우연적인 나쁜 관행들만이 아니다. 나쁜 일자리 몇 개가 남아 있다는 사실도 아니다. 일은 위험할 수도, 착취적일 수도, 심지어 단지 지루할 수도 있지만, 자본주의에서는 우리를 일로 몰아넣는 강압과 일에서 우리가 마주하는 통제권의 부족으로 인해 모든 일이 우리에게 해를 끼친다.

5장

직업화의 국가: 놀이가 진지한 일이 될 때

지난 몇 년 사이 온라인에서 널리 공유된 이미지가 있다. 단순한 흑백의 외곽선으로 그린 장미에, "당신은 당신의 생산성보다 훨씬 가치 있는 사람이다"라는 글귀가 적힌 이미지다. 인스타그램에 어떤 디자이너(인스타그램 계정 @radicalemprints)가 올린 이 이미지는 2015년에 널리 공유되었고, 좌파 밈^{meme}치고 상당히 유명해졌다.[1] 급진적 온라인 공간을 드나드는 사람이라면 필시 이 이미지의 원본이나 변형된 버전을 본 적이 있으리라. 이 이미지의 목적은 개인의 가치가 그가 하는 일의 양이나 외적 성공에 결부되는 현상에 의문을 제기하는 것이었다. 이론적으로 개인이 할 수 있는 일에는 한계가 없으므로, 우리는 결코 충족할 수 없는 기준에 빗대어 자신을 평가하곤 한다. 현실적으로 이는 고통과 좌절을 불러온다. "당신은 당신의 생산성보다 훨씬 가치 있는 사람이다"라는 주장은 가치가 무엇인지, 사람의 가치가 무엇일 수 있을지 다시 생각하고자 하는 시도다. 그런데 이런 종류의 사고에는 한계가 있다. 개인의 태도를 바꾸는 것은 당신이 불충분하거나 실패자라는 느낌을 치유하는 연고로 기능할 수는 있을지언정 당신의 사회적 가치와 현재 또는 미래의 일에서 당신이 발휘할 생산성이 연관되어 있다는 현실을 해결하지는 못하기 때문이다. 시장 관계 바깥에서 지속적이고 공유되는 가치 공간을 만들지 않는 한, 우리는 가치를 생산성의 잣대로 평가하는 관행을 벗어나지 못한다.

생산성이 우리에게 이렇게 큰 영향력을 발휘하는 이유는 무엇일까? 우리는 일상을 바로잡고, 점점 불어나는 할 일 목록을 빠르게 해치우고, 사소한 것에 매달리지 않은 채 미래를 계획하고, 재깍 자리에서 일어나 움직이게 해줄 '궁극적 인생 팁'을 찾아 헤맨다. 할 일은 너무 많은데 그걸 다 할 시간이 없다. 이 느낌은 그 자체로 새로운 현상은 아니다. 해야 할 일을, 예를 들어 꼭 필요한 책을 전부 읽는 것과 같은, 일을 모두 해내지 못할 가능성에 대한 심려는 그 기원이 오래되어서, 아무리 못해도 철학자 세네카의 시대로 거슬러 올라간다.

18세기와 19세기에 호소된 신경쇠약은 오늘날 '번아웃' 사회를 미리 보여준다. 스코틀랜드 의사 조지 체인George Cheyne의 1733년 저서 『영국의 병The English Malady』에서는 도시 생활과 현대 삶의 속도를 약해진 신경 문제와 결부시켰다. 그는 신경이 약해지는 것은 몸이 필수 체액을 적절히 순환시키지 못해서 기력을 떨어뜨리고, 무기력하고 멍한 상태와 멜랑콜리를 유발하기 때문이라고 주장했다.[2] 체인이 주장한 병의 배후에는 문명의 과다한 즐거움이 있었던 반면, 19세기 말과 20세기 초의 신경병은 외부 자극에 대한 과민, 특히 정기간행물, 증기력, 과도한 두뇌노동 또는 여성의 경우 두뇌노동 그 자체에 기인한 감각적 과부하로 인한 것이었다. 오늘날의 번아웃처럼 신경쇠약은 야심가들의 전유물이었다. 작가 버지니아 울프와 마르셀 프루스트가 이 병을 앓았던 것으로 알려져 있다.[3] 우리 시대의 기업형 번아웃은 수천 파운드를 지불해야 하는 고급 스파와 '마음 챙김' 수련으로 치료하지만, 과거 여성의 신경쇠약에는 '휴식 요법'이 처방되었다. 환자들은 몇 주 동안 침대 생활을 해야 했다. 의료인의 보조 없이는 몸을 뒤집거나 돌릴 수조차 없었으며 자극적이지 않은 음식을 물리도록 먹어야 했다. 휴식의 극단적 형태인 이 치료법은 읽고 쓰는 것을 비롯한 모든 자극의 소거를 목적으로 했다.[4] 신경쇠약과 마찬가지로, 번아웃도 고상한 병으로 간주된다. 1980년대에 창시자 크리스티나 마슬락Christina Maslasch에 의하면 일종의 '대인 업무'를 하는 사람들을 위해 고안된 마슬락 번아웃 일람표Maslasch Burnout Inventory에서, 번아웃은 사회적 돌봄과 기타 돌봄으로 인한 감정적 피로를 묘사하는 데 쓰였다.[5] 최근 들어 번아웃은 외연이 확장되어 돌봄과 명확한 관련이 없는 일도 포함하게 되었다. 요즘 피로에 대한 주류 담론에서 번아웃이라는 단어가 사용되는 맥락은 돌봄과 여전히 관계가 있긴 하지만, 번아웃의 문제는 '사회적 지위가 낮은' 사회복지사나 간호사가 아니라 아주 관습적인 의미에서 성공한 사람들이 일을 '과하게 돌보는' 문제로 바뀌었다. 그리하여 2011년 잡지 『사이콜로지투데이Psychology Today』에서는 번아웃을 이렇게 정의했다. "번아웃은 가장 똑똑하고 좋은 사람들의 에너지와 열의, 열정을 빼앗고 이런 긍정적 특질들을 피로와 좌절, 환멸로 변형시켜 세상에서 앗아가는 교활한 도둑이다."[6]

고통과 아픔, 나쁜 건강에 대한 사람들의 경험은 그들이 사는 사회가 신체적 감각을 어떻게 이해하느냐에 의해 좌우된다. 건강이 나쁜 사람이 기대할 수 있는 각본은 그가 그 상황을 경험하는 방식을 결정하고, 그가 어떠한 돌봄을 받는지도 결정한다. 우울증과 번아웃은 증상이 몹시 비슷하다. 세계보건기구World Health Organzation: WHO의 국제질병분류에서는 번아웃의 세 가지 측면을 이렇게 설명한다. ① 에너지 고갈 또는 소진, ② 정신적 거리, 부정적 느낌 또는 냉소, ③ 무능감과 성취감 부족.[7] 우울증도 이와 비슷하게 에너지 부족, 흥미나 관심 감소, 낮은 자존감과 같은 증상을 보인다. 하지만 번아웃은 적어도 WHO의 정의에 따르면 '직업적 현상'이다. 『사이콜로지투데이』를 비롯해 일부 글에서는 번아웃을 여느 일터가 아닌 특정한 종류의 일터에 국한되는 것으로 본다. 과거에 번아웃이 일어나는 일터는 감정적 노력 및 돌봄과 관련되었으나, 요즘 번아웃의 현장은 압박이 심한 일류 기업으로 옮겨가고 있다. 우울증에는 여전히 낙인이 찍히는 반면, 번아웃은 전문적 직업 및 성공에 관련되므로 사람들은 사회적 제재를 우려하지 않고 자신의 번아웃을 인정하곤 한다.[8] 우울증에 걸린 사람들은 의지 부족이나 자기돌봄 부족으로 인해 우울증에 빠졌다는 (잘못된) 사회적 눈총을 받는 반면, 번아웃에 빠진 사람들은 지나치게 일을 돌본 탓에 번아웃에 빠졌다고 이해받는다. 그들이 일에서 많은 것을 돌보기 때문에, 또는 회사생활에서 야심 있는 사람은 다른 무엇보다도 일을 돌보아야 하기 때문에 일에 지나치게 신경을 썼고 그러느라 번아웃에 빠진 것이다.

피로 자체는 새롭지 않다. 할 일이 너무 많아서 느끼는 피로는, 자본주의 아래에서 돌아가는 현대에 엄격히 고정된 역할과 지위의 위계가 완화된 것과 관련된다. 우리가 원하는 무엇이든 될 수 있고 할 수 있다면, 특히 경쟁적이고 고도로 개인화된 사회에서 성공하지 못한 것은 우리 자신의 잘못으로 느껴질 수 있다. 그러나 단순히 바쁘게 지내는 게 좋다거나 현대사회가 과하게 자극을 준다는 수준을 넘어 쉼 없이 일하는 게 옳다는 느낌은 특히 우리 시대에 두드러지는 듯하다.

그 이유 중 일부는 고용주에 비해 노동자의 권력이 부족한 탓에, 고용주들이 지속적으로 이윤을 내기 위해 필요한 개선의 의무를 노동자에게 전가할 수 있기 때문이다. 우리 시대 자본주의에서 노동 경험을 특징짓는 자기 착취는 개인적 고통의 원천인 동시에 이윤을 보장하는 수단이다. 우리 사회에서는 불평등이 어지러울 만큼 빠르게 심화된 동시에 위험부담이 크게 이동했다. 혹시 실패하더라도 이윤을 보장받는 부유하고 강한 자에게서 가난한 자로 위험부담이 옮겨간 것이다. 이런 이동은 국가 수준에서도 목격할 수 있는데, 공공서비스를 제공하는 사기업은 공공의 비용으로 곤경에서 구제되고, 지주의 '투자'는 임차인 가정이 위험부담을 떠안은 덕분에 보호된다. 기업 수준에서는 임시직과 0시간 계약의 사용이 크게 증가한 데서 이를 엿볼 수 있는데, 이런 계약의 유연성은 보통 노동자의 비용으로 고용주가 이득을 얻는 구조를 낳는다. 이런 계약에서는 고용주가 아닌 노동자들이 줄어든 일감이나 수요의 잠재적 비용을 흡수하게 된다. 노동자를 해고하는 비용은 줄고, 근무시간이 줄어들까 봐 교대근무 스케줄을 거절하지 못하는 노동자들에 대해 고용주가 행사하는 독단적 권력은 더 커진다. 이렇듯 많은 위험부담이 하방으로 전가된 상황에서 자기계발에 대한 강박이 만연한 건 이상하지 않다.

지속적인 계발이라는 컬트

WHO에서는 번아웃 상태의 일과 생활을 쉽게 직업병으로 분류할지 모르겠으나, 진단을 기준으로 하는 편리한 구분은 대부분이 경험하는 일상과 대치된다. 포드주의 시대의 특징이 시간에 매인 노동이었다면, 지금은 일과 여가가 점점 더 얽히는 느낌이다. 우선 3장에서 살펴보았듯 일은 과거에 여가가 우리에게 요구한 것과 같은 것들을 요구한다. 즐기라고, 자기성찰을 하라고, 때론 캐주얼

한 옷을 입으라고, 사교성을 발휘하라고. 과거에 일은 인생의 정해진 시간에 하는 것이었으나(교육이 끝난 뒤부터 은퇴하기 전까지) 지금은 인생을 규정하는 방식이 되었다. 우리는 어느 한 시점에 우리를 고용한 고용주 개인뿐 아니라 미래의 모든 고용주에게 신세를 지고 있다. 일자리를 얻는 데 도움이 되도록 자기계발에 쓰지 않은 시간은 전부 허비된 것이다. 지난 세기의 마지막 10년 동안, 생산성을 높이기 위한 해법은 기업에 초점을 맞추어 모든 절차를 오로지 뼈대만 남기고 줄이는 것이었다. 오늘날은 노동자들이 자기 자신에 대고 메스를 들어야 한다. 한때 국가 통계의 문제였던 생산성은 이제 '성품'의 문제가 되었기에, 개인은 애플리케이션과 각종 팁의 도움을 받아 '최고의 자신'이 되도록 노력해야 한다. 물론 이런 최적화 과정은 보람차고 긍정적인 결과를 낳을 수 있다. 하지만 우리가 무엇을 위해 자기 최적화를 하고 있느냐는 질문에는, 안정적 일자리를 구할 가능성이 점점 줄어드는 상황을 언급하지 않고서는 답할 수 없다. 둘째로, 우리의 여가는 두 개의 트렌드가 서로 다른 방식으로 복합되어 작용하는 바람에 점점 더 일과 비슷해지고 있다. 그 두 개의 트렌드는 데이터에 목마른 인터넷 플랫폼의 부상과, 소위 '부업'의 부상이다.

1951년에 철학자 테오도르 아도르노Theodor Adorno는 일과 여가의 엄격한 분리, 취미가 일 밖의 것으로 분류되고 일이 취미 밖의 것으로 분류되는 현상에 대해 우려를 표했다. 그는 이런 구분이 일에서 즐거움과 보람을 느끼고 여가에서 성찰을 느낄 가능성을 막는다고 주장했다. 이런 구분 대신 "즐거움과 일을 정교하게 뒤얽는 것만이 …… 사회의 압박 아래에서 진정한 경험을 열어둘 수 있을 것이다."[9] 그는 여가에 대해서는 '준사업'이라는 개념을 이야기했다. "모두가 항시 프로젝트를 진행해야 한다. 여가에서 최대치를 뽑아내야 한다." 그런데 여기서 아도르노가 말하는 '프로젝트'는 오늘날 많은 청년들이 참여해야 할 의무감을 느낀다고 말하는 것과 같은 수익을 내는 취미, 이력서를 빛나게 해줄 활동, 기술을 축적하는 활동이 아니다. 아도르노의 프로젝트란 "생각할 수 있는 모든 유적이나 장관을 방문하는 것 또는 가능한 한 빠른 교통수단을 이용하는 것"이었다.[10] 아도르노는 자신의 우려가 몇 년 전만 해도 "꿈꾸지 못했던 것"이라고 설명하지만, 그가 추적하는 문제는—일과 분리된 여가에서 외적으로 눈에 보이는 즐거움을 분주히 누려야 한다는 강박은—오늘날에는 심히 낡아 보인다. 지금 문제는 일과 놀이의 분리가 아니다. 놀이 자체가 진지해졌다. 레딩대학교 헨리비즈니스스쿨에서 진행한 연구에 의하면 영국 성인 넷 중 한 사람이 '부업'을, 즉 두번째 사업이나 일자리를 갖고 있다고 한다. 부업이 이토록 흔해진 것은 임금이 정체되고 파트타임 또는 0시간 계약 일자리가 늘어난 시대에 급여가 좋은 풀타임 일자리를 찾기 어려운 데서 부분적인 이유를 찾을 수 있다. 하지만 '부업'을 시작하는 사람의 73%가 열정을 좇거나 새로운 도전을 하고 싶다는 이유를 들었다는 것은 이로써 설명되지 않는다. 많은 사람들이 우리가 일반적으로 일 바깥의 것으로 생각하는 취미와 여가활동을 일 안으로 들여올 수 있는 것으로 여기고 있다. 부업으로 제일 흔한 일들은 공예 사업, 책 집필, 주식 투자, 온라인 장사, 블로그 또는 브이로그다.[11] 16-24세의 34%, 25-34세의 37%가 부업이 있다고 응답했다. 물론 성역할에 대한 고정관념 때문이든, 인종차별적 고용 관행 때문이든, 법적으로 일할 권리가 없기 때문이든, 공식적 영역의 풀타임 일자리에서 배제당한 자들에게 직업 여러 개를 가지는 건 새롭지 않다. 자본주의 역사를 통틀어 많은 사람들이 공식적 영역과 비공식적 영역 사이를 오가며 여러 일자리를 뛰었다. 근무시간이 정해져 있고 안정적이었던 평생직장의 전성기에도 다르지 않았다. 부업과 본업의 균형은 자본주의의 여러 시기에 존재해왔다. 다만 오늘날 정말 중요한 것은 부업, 임시직, 투잡에 쏟는 시간의 양이 아니라 취미와 흥미가 수익화할 수 있는 것, 심지어 수익화가 권장되는 것으로 접근되고 있다는 사실이다. 일상의 직업화가 일어난 것이다.

정체성 큐레이션과 소셜 미디어

영국 성인의 대략 70%가 소셜 미디어 계정을 갖고 있다. 온라인에서 보내는 시간 5분 중 1분은 소셜 미디어에 사용된다. 소셜 미디어 플랫폼에는 연령 제한이 있지만 12세 아이들의 대략 절반이 소셜 미디어 프로필을 갖고 있다.[12] 전 세계 인구의 절반 이상이 소셜 미디어를 사용하지만, 사용 방식은 제각기 다르다. 어떤 이들은 익명성의 그늘 아래에서 비공개 프로필을 유지하며, 가까운 친구들에게만 소식을 공유한다. 다른 이들, 특히 젊고 야심 있는 이들에게 소셜 미디어는 정체성을 일구는 방법이다. 이론가 마라일레 판네베커Mareile Pfannebecker와 제임스 A. 스미스James A. Smith가 표현하듯 "소셜 미디어는 쉼 없이 운영되는 모델 포트폴리오, 쇼 릴Show reel, 이력서다."[13] 소셜 미디어를 일이나 일을 위한 훈련, 브랜드 구축처럼 느껴지는 용도로 사용하지 않는 사람도 있지만, 소셜 미디어에서 우리의 모든 활동은 그 자체로 일의 대상이 되어 데이터 수집을 통해 거대 플랫폼에 수익을 안겨준다. 청년들이 소셜 미디어를 사용하는 방식은 때로 조소와 삿대질, "나 때는" 운운하는 훈계를 받으며 인터넷이라는 멋진 신세계가 일으킬 수 있는 피해에 대해 싸잡혀 비난받는 대상이 된다. 때론 맥을 잘못 짚은 훈계도 있지만, 인터넷이 몇 가지 방식으로 깊이 우려스러운 사회관계와 권력관계를 만들어내고 있는 건 사실이다. 기존 의사소통 형태에 비해, 인터넷은 익명으로 사용하지 않을 때에도 사람들이 더 빠르게 상호작용할 수 있게 해준다. 어떤 의미에서 이는 경이롭다. 지구 반대편 친구들과 과거와는 비교할 수 없이 적은 노력을 들여 연락할 수 있다. 그러나 빛나는 스크린에서 분리되지 못한 채 쉼 없이 의사소통을 할 수 있다는 건, 온라인에서 보는 무언가가 마음을 상하게 할 경우 대단히 힘든 일이다.

사실 '소셜 미디어'나 '소셜 네트워크'라는 용어에는 오해의 소지가 있다. 작가 리처드 시모어Richard Seymour가 표현하듯 이런 서비스를 운영하는 회사는 '소셜 산업'을 형성한다. 그는 이 산업이 "데이터 생산과 수확을 통해 인간의 사회생활을 숫자 형태로 객관화하고 수량화할 수 있다"고 주장한다. 온라인 생활을 즐기는 동안 우리는 우리 자신에 대한 온갖 종류의 정보를 플랫폼에 제공하고 있다. 여기서 문제가 되는 것은 단순히 프라이버시가 아니다. 우리의 사회적 경향, 타인에게 관심을 갖고 돌볼 능력, 타인에게 비춰지는 우리의 모습에 대한 염려 등이 기업측에서 이해할 수 있는 형태로 표현되고, 기업에게 수익을 창출해준다. 소셜 미디어 플랫폼을 사용하고 싶어하는 게 잘못된 건 아니다. 그러나 우리가 남과 연결된 기분을 느끼고 '새 알림'이 뜨는 순간의 도파민을 즐기기 위해 소셜 미디어를 사용하는 사이, 우리의 능력과 욕구, 행동은 일의 대상이 된다. 우리는 친구나 다른 소셜 미디어 유저들과 상호작용하고 있다고 생각하지만, 시모어가 상기시키듯 실제로 우리가 상호작용하는 상대는 플랫폼이다. "우리는 기계와 상호작용하고 있다. 기계에 대고 글을 쓰고, 기계가 데이터를 기록한 다음 우리 대신 메시지를 전해준다."[14] 우리의 여가생활은 한때 적어도 시공간적으로는 업무와 분리되었으나, 갈수록 소셜 미디어 플랫폼이 수익을 창출할 원재료가 되어가고 있다.

그렇다면 그냥 안 하면 되는 거 아닌가? 우리는 왜 소셜 미디어를 그만두지 못할까? 어째서 우리의 욕구와 사회관계를 온라인의 해로운 영향에서 보호하지 못할까? 핵심 문제는, 우리가 대화를 나누고 싶은 사람들과 대화를 나누는 제일 평범한 방법이 소셜 미디어에 있다는 것이다. 소셜 미디어를 떠난다는 것은 관계에서 제외되다는 의미다. 그리고 핸드폰은 멋진 물건이다. 손으로 잡고, 엄지손가락으로 터치하도록 디자인되었으며, 인터페이스는 주의를 끌도록 설계되었다. 소셜 미디어도 똑같아서, 애플리케이션과 웹사이트 모두 사용자의 시선을 가능한 한 오래 끌도록, 주의를 붙들도록, 그리하여 이윤을 극대화할 수 있도록 만들어졌다. 하지만 그뿐만이 아니다. 우리는 소셜 미디어를 즐긴다. 때론 우리 자신과 남에게 피해를 끼치는 최악의 행동을 하면서까지 즐긴다. 소셜 미디어는 타인과 연결되고 싶은 우리의 욕구, 질투와 사회적 불안, 짝사랑을 찾아내어 그것들을 착취할 뿐 아니라 그것들을 둘러싼 우리의 경험을 빚어낸다. 소셜 미디어는 정말 재미있다. 인플루언서와 온라인 사업가들이 드러내는 라이프스타일은 화려하고 탐난다—무료 식사와 제품, 휴가를 제공해주는 협찬 콘텐츠를 원하게 되는 것도 놀랍지 않다. 협찬을 받는 사람들은 소셜 미디어가 진정성을 가질 수 있다는 가능성을 부인한다고 주장하면서도 진정성을 전시하는 것처럼 보인다. 소셜 미디어 사용자들이 자신의 피드를 스크롤해 내려가며 자신을 남들 앞에 어떻게 드러냈는지 살펴보고 관리할 때 느끼는 변태적 즐거움은 인류 역사에서 대부분의 기간 동안 대부분의 사람들에게 불가능했던 정체성의 큐레이션에서 비롯한다.

교육이라는 거짓 약속

　일은 여가시간을 좀먹을뿐더러 인생의 많은 부분을 차지한다. 우리는 비싼 직업훈련에 더 많은 시간을 쏟고, 은퇴의 가능성이 줄어든 까닭에 일 자체에도 더 많은 시간을 보낸다. 우리가 이 모든 일 그리고 일과 유사한 활동을 하는 이유는 줄어들고 있는 일자리를 얻을 기회를 잡기 위해서다. 이 역설의 가장 강력한 사례가 교육이다. 우리는 삶의 점점 더 많은 부분을 점점 더 복잡한 훈련으로 보내고 있고, 그러다가 심한 빚을 떠안기도 한다. 전부 안정적 일자리를 얻는다는 점점 옅어지는 가능성을 잡기 위해서다. 과거에는 수도승, 교사, 기계공 등 특수한 일을 도맡을 인력을 훈련시키기 위해 교육기관이 설립되기도 했으니, 교육과 일에는 유서 깊은 관계가 있다. 그러나 자본주의의 경쟁적이고 도구적이고 전체주의적인 힘은 교육이 과거보다도 더욱 일을 지향하도록 만든다.

　학교교육의 역사는 배제의 역사다. 능력주의 교육이라는 신화와 정면으로 대치되지만, 사실이다. 학교교육의 연속적 단계를 밟을 때마다 아이들과 청년들은 조금씩 걸러져서, 일부는 성공할 수 있는 사람으로 선발되고 일부는 똥 무더기나 치우는 신세가 된다. 노동계급 아이들 가운데 앞서 나가는 똑똑한 아이는 천 명에 한 명 꼴이다. 학교 체계는 불평등을 가속시키고 이미 많은 것을 놓친 이들의 성공 확률을 더욱 낮춘다. 이런 불평등은 점점 줄어드는 가능성의 형태로 나타난다. 노동계급 학생들에게 선택지가 점점 줄어드는 건 마치 불가피하고 자연스러우며 문제없는 현상처럼 여겨진다. 프랑스 사회학자 디디에 에리봉Didier Eribon은 이 절차를 "모든 게 미리 정리된" 느낌, 미리 제비뽑기로 정해진 느낌이라고 표현한다. "교육체계 안에서의 선발은 종종 자기 탈락의 절차로 일어나고, 자기 탈락은 마치 당사자가 자유롭게 선택한 것처럼 다뤄진다. 공부를 더 하는 건, 다른 종류의 사람들을 위한 것이니까."15

교육의 연속적 단계에서 학생들을 점차 떨궈내면, 어떤 사람들이 더 나은 직업을 가지는 것을 더 쉽게 정당화할 수 있다. 더 나은 직업을 원했더라면 더 많이 노력했어야 한다. 학생을 떨궈내는 일은 실제로 어떻게 이루어지는가? 논객들과 자선단체들은 마치 이 절차가 원만하고 자연적인 현상인 것처럼 '물이 새는 배관'과 같은 은유를 사용한다. 그러나 현실에서 학생 개인은 규율을 과하게 강조하고 지원이 부족한 학교와 얼마간 직접적으로 대립하는 경험을 하게 된다. 오늘날 영국 중등학교의 다수를 차지하는, 사기업이나 단체에 의해 운영되는 아카데미에서는 규율에 대해 강한 태도로 일관하기도 한다. 현실적으로 이는 사소한 교칙 위반을 저지른 학생들을 집으로 돌려보내거나, 방과후 학교에 남게 하거나, 독실에 보낸다는 의미다. 물론 교사가 교실에 들어올 때 자리에서 일어서지 않은 학생을 집에 보내는 일이 모든 아카데미에서 일어나지는 않는다. 그러나 인원 삭감(전국교육조합National Education Union: NEU에 따르면 영국에서 2016년 11월과 2017년 11월 사이에 교직원의 수가 1만 4300명 줄었다16)과 엄한 교칙이 조합된 결과 학생들이 교실에서 쫓겨날 가능성은 높아졌고, 교실에서 쫓겨난 아이들은 교육을 중단할 가능성이 높았다. 독실에 보내진 학생들은 학업에 충분한 지원을 받지 못했고, 공부할 자료가 아예 주어지지 않은 경우도 있었다. 한 언어 교사가 내게 말하길, 그가 가르치는 어느 학생은 전년도 대부분의 시간을 독실에서 보낸 탓에 스페인어를 하나도 공부하지 않고 중등교육자격시험General Certificate of Secondary Education: GCSE 스페인어 시험을 보게 되었다고 한다.

역사 교사인 애덤은 원래 존재하던 불평등이 식스폼칼리지sixth form college(대학 진학을 희망하는 16-19세 학생들이 공부하는 중등 교육 기관—옮긴이)에서 어떻게 심해지는지 이야기해주었다.

중산층 학생과 달리 학업과 파트타임 일을 동시에 해야 하는 노동계급 학생이 늘고 있습니다. 식스폼칼리지를 다니는 2년 동안 계급 격차는 더 벌어집니다. 노동계급 학생들은 수업 중에는 피곤하고 수업 후에는 바쁘므로 학업을 잘 해내는 데 필요한 시간이 부족합니다.

이 모든 상황의 귀결로, 지금 정신 건강 악화를 호소하는 청년의 수는 기록적이다. 강도 높은 학교 시험과 학교 일과가 청년들을 지치게 하고 소진시킨다. 압박의 원천은 다양하다. 교사, 부모, 때로는 학생 자신에게서 압박이 오기도 한다.

대학은 한때 18세 청년 중 극소수만 다니던 곳이었다. 무언가를 더 고등한 수준에서 공부하고, 세상을 이해하고, 대학생들이 하는 아주 진지하고 또 경박한 일들을 하는 것은 부유한 극소수의 전유물이었다. 1950년에 대학에 진학하는 청년의 비율은 3.4%에 불과했다.[17] 그런데 지난 세기에 대학들이 문호를 개방하고 더 다양한 인구를 받아들이기 시작했다. 이것이 수천 명의 인생에 중대한 변화를 가져왔다. 더 많은 사람들이 관심사가 같은 동료들과 함께 깊이 공부할 기회를 갖게 되었다는 것은 몹시 중요하다. 세상을 분석하고 이해할 능력은 부유한 소수의 전유물이 되어서는 안 된다. 그러나 오늘날 대학은 수준 높은 공부와는 큰 관련이 없다. 직관에 반하는 사실일 테다―사람들이 대학에 가는 건, 특정한 분야를 공부하기 위해서가 아니던가? 하지만 학위과정은 날이 갈수록 취직을 위한 연습으로 취급받고 있다. 실로 대학 신입생들은 첫날부터 고용가능성을 제고시키는 것의 중요성과 갓 입학한 대학이 제공할 수 있는 커리어의 기회에 대해 듣는다. 이런 조건에서 배움 자체를 위한 배움 또는 해방을 위한 집단적 목표에 도달하는 것은 불가능해진다.

새로운 지평을 열어주는 고등교육의 해방적 가능성은 어디로 간 걸까? 상황이 이렇듯 악화된 건, 2010-2015년 연립정부 아래에서 잉글랜드 고등교육 자금 지원에 변화가 일어난 데서 기인한다 (웨일즈, 스코틀랜드, 북아일랜드의 경우 교육이 정부에 위임되어 상황이 다르다). 기존 신노동당 정부에서 수업료를 도입했고, 보수당과 자유민주당 연립정부 체제 아래에서 고등교육은 시장이 되었다. 이런 변화는 가난할수록 더 많은 돈을 납입하게 된 학생 개인들에게 아주 불공정했다고 말할 수 있다. 그런데 비교적 덜 언급되는 사실 하나는, 이 변화가 대학에 대단히 파괴적인 영향을 미쳤다는 것이다. 대학 수입의 주된 원천은 이제 정액 교부금이 아니라 수업료다. 학생 개인들에게 각각 돈을 받는 것이다. 이 정책 배후의 논리는 그럼으로써 교육수준이 높아지리라는 것이었다. 현실에선 정반대의 일이 일어났다. 이제 쉬지 않고 학생들을 모집해야 하는 상황에 놓인 대학은 통계를 이용한 홍보와 각종 묘수를 동원해서 자기네 강의가 다른 대학 강의보다 더 매력적으로 보이게끔 애쓰고 있다. 그런데 대학이 학생을 끌기 위해 사용하는 통계, 주류 실적 일람표에서 사용되는 통계는 장래의 직업 전망이나 최고 학위를 마치는 학생의 수 같은 숫자들이다. 그렇게 순환논리가 창출된다. 대학은 순위를 높이기 위해 성적을 부풀린다. 더 높은 순위는 더 많은 학생이 지원하고 고용주들이 학위를 더 좋게 봐준다는 뜻이다. 이는 실제 교수 수준과 아무 관련이 없다. 거품일 뿐이다.

이 거품은 교육을 모멸할뿐더러 오해를 불러일으키고, 유해하다. 소위 '졸업생 프리미엄'이라고 불리는 숫자는 훨씬 적은 수의 사람들이 대학에 갔던 시절, 2008년 금융위기 이전 졸업생들의 수입에 근거한다. 이런 숫자상의 문제를 무시하더라도, 학위 덕분에 늘어난 수입은 연간 2200파운드에 불과한데 이는 학자금 대출 이자도 갚지 못할 금액이다.[18] 더구나 이는 평균값이다. 다수의 전공에서 임금 상승분은 더 작아진다―예를 들어 역사학 전공자는 의학

전공자에 비해 돈을 적게 벌 것이다. 남성이 여성보다, 백인이 유색 인종보다, 비장애인이 장애인보다 훨씬 큰 임금 상승분을 누린다.

학업과 연구에서 학생 모집으로 초점을 옮긴 대학은 적은 돈으로 더 많은 일을 하기 위해 근무조건을 희생한다. 학생 수와 자금의 변동에 발맞추기 위해 임시직을 점점 더 많이 뽑는다. 임시직은 고용하기도 해고하기도 더 쉽고 저렴하다―급여를 적게 줘도 되며 책임도 덜하다. 임시 계약에 의해 단기로 일하는 학자들은 자신이 가르치는 교과에 대한 통제권도, 강의를 준비할 시간도 부족하다. 강의를 준비하는 시간, 실제 수업하는 시간, 채점하는 시간 등을 전부 합하면 강사들은 최저 시급보다 적은 돈을 받기도 한다.

학생들은 불가능한 꿈에 설득되었다. 열심히 노력하고 공부를 계속하면 금전적 보상을 받거나 적어도 금전적 안정에 도달할 것이라고 말이다. 종합 사업가가 되기 위해, 인격과 능력을 최대로 끌어올리기 위해 거의 20년 동안 훈련받은 청년들은 이제 불안하고, 고통스러우며, 파산했다. 학자금 대출, 개인 대출이나 마이너스 통장, 파트타임 일자리 몇 개의 급여에 기대어 살지만 그만한 보상을 받거나 적어도 덜 고통스러운 일자리를 얻을 수 있으리라는 약속은 빠르게 증발해버린다. 대학에 가지 않은 청년들은―18세에서 21세 청년의 절반이다―대체로 언론계의 무관심으로 인해 잊힌다. 그들도 학위가 있는 또래들과 마찬가지로 똑같이 빚과 형편없는 일자리와 긴 근무시간이라는 문제에 직면하며, 그들에겐 대졸자 지위라는 의미 있는 보호막도 없다.

자본주의 체제의 일이 지닌 도구성은 먹구름처럼 인간 사회 생활의 나머지 면으로 퍼져나간다. 교육의 경우 이 도구성은 진정한 학습을 불가능하게 만든다. 진정한 학습은 도구성의 유예를 요한다. 진정한 학업에는 가능성이라는 감각이 필요하다. 실수를 해도 된다는 가능성, 놀이의 가능성, 상호성이 필요하다. 교육에는 타인에게서의 배움, 공동체 정신, 자유정신이 있어야 한다. 우리 시대 교육에서는 이런 가능성을 찾아볼 수 없다. 학생들은 성공해야 한다는 막중한 압박과 낮은 성공 가능성이라는 조건 아래에 장래 직업에 초점을 맞춘 커리큘럼을 따른다. 무엇보다도 그들에겐 자신의 인격을 원재료로 삼아 일해야 한다는 아주 심오한 종류의 도구성이 스며들고 있다.

6장

일은 사회에게
무엇을 하는가?

누가 테베의 일곱 문을 지었는가?

책에는 왕들의 이름이 가득하다.

거친 돌 블록을 끈 자가 왕이었던가?

_베르톨트 브레히트, 「책을 읽는 노동자의 질문Questions from a Worker
who Reads」 중

일은 우리 개인을 해친다. 우리의 시간을 좀먹어 일이 아닌 다른 활동이나 우리 자신에 쓸 시간을 거의 남겨주지 않는다. 회사에서 주는 고전적인 은퇴 선물이 휴대용 시계라는 데에는 어두운 아이러니가 있다. 그렇다면 일은 사회 전체에 대해서는 무엇을 하는가? 자본주의 체제에서의 일은 우리가 살아가고, 서로를 대하고, 사회를 구성하는 방식에 어떤 영향을 미치는가? 일일 노동시간은 점점 늘고 있다. 그뿐 아니라 이제 일은 단순히 정해진 시간에만 하는 활동이 아니다. 일은 자본주의의 착취가 일어나는 과정이며, 자본주의를 지속시키는 주된 제도의 하나다. 일이라는 과정은 특정한 일터에서 개별 제품을 생산하는 것을 넘어, 세상 자체를 만들어낸다―우리가 살아가는 집부터 우리가 사용하는 기술, 기술을 우리에게 판매하고 조달하는 기반시설까지 일상의 것들을 만들어낸다. 일은 세상을 짓는다. 일은 인간의 능력을 모든 방향으로 결집시킨다. 일은 또다른 의미에서도 세상을 짓는다. 일은 자원의 구조적 불평등을 필요로 하며, 억압적 규범과 권력의 불균형을 이용하고 재생산한다. 일은 특히 계급과 소유, 젠더와 인종과 관련된 다양한 구조적 불평등 관계에 의존하고 있으며 불평등을 강화시킨다.

우리가 경험하는 세상은 일의 물질적·비물질적 산물로 만들어져 있다. 소비자의 관점에서 이는 일종의 마법처럼 보일 수 있다. 하지만 아마존 국제 노동자 연합의 아그네스카 므로즈Agnieszka Mróz는 "화물 트럭의 짐을 하차하고, 지게차를 운전하고, 끝없이 늘어선 선반에서 제품을 찾아내고, 배달할 택배 상자를 포장하는 주체는 마법이 아닌 창고노동자들"이라고 상기시킨다.[1] 슈퍼마켓 선반에 진열되어 있는 것이든, 아마존 프라임 서비스로 주문하여 익일 배송받은 것이든, 인스타그램 인플루언서들이 뽐내는 것이든, 소비자의 눈에 제품은 완성된 형태로 나타난다. 상품을 대상으로 볼 때 우리는 그 상품이 우리에게 어떤 기분을 느끼게 하는지(충분하다는 기분, 나아진 기분, 일시적으로 나아진 기분, 좌절한 기분, 기만당한 기분) 또는 그 상품이 어떻게 광고되는지 생각하는 경향이 있다. 예를 들어 핸드폰과 우리의 관계는 핸드폰이 생산되는 방법에 대한 지식이 아니라 핸드폰이 우리에게 줄 수 있는 것과 우리가 핸드폰을 미래에 사용할 방식에 의해 빚어진다. 반면 우리가 구매하는 제품을 생산하고 배달하는 과정, 즉 일은 눈에 보이지 않는다. 이 사실은 특히 현대 전자기기를 볼 때 극명히 체감된다. 요새의 전자기기는 사용자가 열어보지 못하게끔 만들어진다. 우리는 전자기기가 어떤 부품들로 구성되었는지 모른다. 제품을 수리하는 건 전문지식의 영역이 되었고, 전문지식은 노후화되게끔 만들어진 제품의 이윤을 지키기 위해 은폐된다. 오늘날 전자기기를 수리 가능한 부분으로 분해하기는 쉽지 않다. 수명이 정해진 리튬이온 배터리조차 탈거하고 교체하기가 불가능하다. 노트북의 내부 전자회로는 보통 납땜으로 부착되어 있다—이 분야의 선두주자라 할 수 있는 애플사는 2010년에 출시한 맥북 에어의 RAM을 납땜 처리했는데, 그로써 (당시만 해도 흔했던) 부품 업그레이드와 사용자 직접 수리가 훨씬 어려워졌다.[2] 이후 모델에선 배터리를 케이스에 접착했고, 기기를 뜯어보는 게 더 어렵도록 특수 나사를 사용했다.[3]

　무언가를 만드는 데 어떤 작업이 들어갔는지 꿰뚫어보려면 특별히 훈련된 시각이 필요하다. 얼마나 오래 걸리는지, 어떤 동작과 재료가 필요한지 알려면 특정한 기술이나 능력을 갈고닦는 훈련이 필요할 수도 있다. 하지만 어떤 면에서는, 관점 변화만으로 충분하다. 제품이 정확히 어떻게 생산되고 배달되며 그 과정에 얼마나 많은 노력이 필요한지 기술적으로 알지 못하더라도, 세상에 대한 지식의 방향을 재설정할 수 있다. 건물을 보고 누가 지었는지, 어떤 조건에서 지었는지 궁금해할 수 있다. 그럼으로써 우리는 주위의 모든 것을 인간의 노력이, 즉 세상을 만드는 일이 만들어낸 산물로 보게 된다.

공유된 삶, 고립된 세상

그런데 세상을 만드는 일의 성과는 평등하게 공유되지 않는다. 자본주의는 기존 세계에서 상상하지 못했던 수준의 잉여를 생산해냈지만, 이 잉여에 대한 접근권은 평등하지 않다. 게다가 이런 잉여가 생겨남으로써 거기서 직접 이익을 얻는 사람과 그러지 못하는 사람의 격차로 인해 불평등이 심화된다. 일은 세상을 만드는 과정이되, 한편으로는 공유된 생활세계의 가능성이 부식되는 과정이기도 하다. 자본주의는 불평등을 전제로 한다. 자본주의에서의 평등은 엄격한 위계에서 발견되는 불평등과는 다른 종류로서, 기회의 평등이라는 외양을 걸치고 능력주의라는 명목으로 정당화된다. 하지만 자본주의가 기능하려면, 자원에 접근할 수 있는 일부와 그러지 못하는 일부가 구별되어야 한다. 특히 자본주의에 의한 근본적 불평등이 뿌리내린 사회에서 이는 공유된 사회생활의 가능성, 심지어 상호이해의 가능성이 크게 축소된다는 의미다. 철학자 제럴드 A. 코언Gerald A. Cohen이 이야기한 공동체 원칙을 통해 이 문제를 생각해볼 수 있다.

코언은 공동체가 존재하려면 사람들이 서로 관심을 가지고, 때로는 서로 돌보아야 한다고 주장한다.[4] 그는 어느 하루 버스를 타고 출근해야 했던 부자의 예를 든다. 이 사례에서 부자는 자가용 운전자들과는 공동체의식을 느낄 수 있지만, 평소 버스를 타고 다니는 사람들과는 버스를 타며 겪는 곤경을 공유하지 못한다. 부의 불평등에 의해 구별되는 두 집단 사이엔 공유되는 세계가 부족하기에 서로 관심을 가지고 돌보기가 어려워진다.[5] 공동체의식 부족을 이야기한 코언의 사례는 잘 만들어지고, 유지되며, 보편적으로 접근 가능한 공공재의 중요성을 예증하기도 한다. 괜찮은 대중교통 시스템이나 도서관, 스포츠센터, 병원 등이 있고 그 시설을 사용하는 것이 쉽고 즐겁거나 적어도 쾌적하다면, 배타적이고 사적인 대안 시설에 대한 대중의 지지는 줄어든다. 그럼으로써 사람들은 삶을 공유하게 된다. 공공서비스를 필요로 하는 이들은 감당할 만한 비용을 지출하고 서비스를 이용하게 된다.

코언의 버스 사례는 계급과 권력의 관계가 경험되고 체험되는 방식을 기반으로 하므로 특히 유용하다. 우리는 이런 관계에 너무 익숙해진 나머지, 알아채지 못한다. 세상은 **원래** 그런 것이 되어 버린다. 과거에 그랬고 미래에도 그럴 것처럼 여겨진다. 부자들은 많은 면에서 다수의 대중과 전적으로 분리된 삶을 산다. 문으로 막아

놓은 공동체 안에서, 때로는 사설 경비원을 두고 산다. 억만장자들은 심지어 자기만을 위해 종말을 대비한 대피소를 짓기도 한다.[6] 장차 세상의 종말이 왔을 때 누가 그들의 하인이 되어 호화로운 벙커에서 일할지는 확실하지 않다. 두 개의 분리된 생활세계가 일시적으로만 접촉하는 코언의 버스 사례와 달리, 두 세계가 밀착되어 있을 경우엔 어떤 일이 일어날까?

고용주가 가정 내에 서비스 노동자를 고용하는 경우에서, 그리고 이때 발생되곤 하는 편집증과 분노 그리고 직접적 학대에서 그 극단적인 사례를 찾아볼 수 있다. 2014년에 구글의 네스트 랩 Nest Labs은 보안 카메라 제조사 드롭캠Dropcam을 인수했다. 그리고 2015년 여름에 구글은 야간 식별, 소리 및 소음 알림, 애플리케이션을 통해 원격으로 시청 가능한 동영상 기능이 탑재된 1080p 실내용 보안카메라 네스트 캠Nest Cam을 출시했다. 추후 버전엔 얼굴 인식 기능도 들어갔다.[7] 이 작은 카메라는 일반 가정의 보안뿐 아니라 보모 및 다른 가정 내 노동자들을 감시하는 용도로도 사용된다. 비밀 카메라 사용이 불법인 영국과 달리, 가정 내 돌봄노동자를 촬영하는 것이 합법인 미국에서는 카메라 설치가 일반적이다.[8] 고용주가 소유하고 통제하는 소프트웨어·하드웨어를 통해 노동자의 성과를 디지털로 감시하는, 기술적 염탐이라는 형태로 사회 전체에 과잉 간섭 트렌드가 퍼져나가고 있는 것이다.[9] 구글 네스트와 같은 스파이 카메라의 사용은 점점 심화되는 기술적 통제를 반영하는 동시에, 자본주의 체제에서 일의 불평등한 관계가 낳는 상호불신을 예증한다.

고용주가 직원에 대해 느끼는 편집증은 특히 닫힌 문 뒤에서 감정적 친밀을 나누게 되는 가정 내 서비스 및 돌봄노동자의 경우에 뚜렷이 감지된다. 고용주는 사용인들이 가족과 같다고 주장하겠지만, 그렇다면 그 가족은 콩가루 가족일 테다. 봉준호 감독의 2019년 영화 〈기생충Parasite〉에서는 김 씨 가족이 사기와 속임수를 통해 부유한 박 씨 가족의 호화로운 저택에 들어가는 대목에서 고용주-사용인 관계에 내재한 두려움이 극적으로 대두된다. 김 씨 가족은 서로 무관한 사용인인 척 영어 과외교사, 미술 심리치료사, 가정부, 운전사 역할을 맡아 기존 사용인들을 쫓아낸다. 영화의 극적 클라이맥스는 박 씨 가족이 막내 아이의 생일을 맞아 여행을 떠난 사이 저택에 들어가 쉬고 있던 김 씨 가족의 모습에서 시작해 유혈이 낭자한 폭력 사태로 이어진다. 현시대의 계급 갈등과 계급 격차에 대한 묘사로 극찬을 받은 〈기생충〉은 지하실에 거주하는 김 씨 가족의 빈곤은 물론, 부자들의 뒤틀린 정신에 대해서도 폭로한다. 자유민주주의 자본주의 사회와 같이 위계를 부인한다고 주장하는 체제에서, 서비스 노동은 일종의 두려운 마법이 된다. 타인에게 쥐꼬리만한 돈을 주고 자기 안녕을 누리는 불평등의 혜택을 누리고 있는 부자들은 위계 꼭대기에서 느끼는 두려움에 대처해야 한다. 그 두려움은 권력을 잃으리라는 것, 자신에겐 권력을 누릴 자격이 없다는 것, 자기 '아래' 있는 이들이 자신을 파괴할 수 있을 만큼 자신을 속속들이 알고 있다는 것이다.

박 씨 가족의 계급 불안은 일찍이 조셉 로지Joseph Losey 감독의 1963년 영화 〈하인The Servant〉에서 비슷하게 그려진 바 있다. 〈하인〉에서 부자인 토니는 새 하인 바레트를 고용한다. 영화 막바지에는 둘의 관계가 역전되어 토니는 감정적, 실질적 그리고 맥락상 성적 차원에서 바레트에게 두려움을 느끼고 그에게 의존한다. 두 영화 모두, 스스로 얻지 않은 높은 지위에 대한 부정적 인식이 팽배한 사회에서 부자들의 편집증과 개인적이고 감정적이며 때론 사적 영역까지 들어오는 서비스 노동의 특징에 의해 심화되는 두려움을 전면으로 다룬다. 지배자 지위가 정당화되지 않으며 정당화할 수도 없다는 사실로 인해 사회의 부유한 구성원들은 불면의 밤을 지새운다. 두려움을 달래기 위해 그들은 자선 모금을 한다. 구글 네스트 카메라를 설치했으면서도, 사용인들이 그들의 가족이라고 말한다. 반면 가족 운운하는 상황에서 사용인들은 노동자로서 자신이 지닌 권리를 이해하기도, 요구하기도 어려워진다. 가족은 이해관계를 공유하며 이를 위해 양보하기 마련이니까. 가족과 같은 일터라는 억지 믿음의 강제력으로 인해, 노동자들은 노동자로서 마땅히 누려야 할 권리를 요구하지 못하고 있다.

일, 계급, 지위

지금까지 주로 두 계급에 대해 논했다─자기 인생의 시간을 파는 사람들 그리고 그 시간을 사서 그로부터 수익을 얻는 사람들. 둘을 구분하는 시각을 견지하는 것은 중요하다. 이 근본적 구분은 우리 삶을 지배하고 경제체제를 정의함에도 너무 자주 무시되기 때문에 이 책에서 수차례 강조했다. 그런데 첫번째 집단에도—살기 위해 일해야 하는 계급에도—하나의 집단이라는 균질성에 의문을 제기할 만큼 유의미한 경험의 차이가 있다. 살기 위해 일해야 하는 집단의 구성원 중에는 안전하고 보람 있으며 사회에서 알아주는 직업을 가진 이가 있는가 하면, 사회적 인정을 받기는커녕 낙인이 찍힌 직업을 가지고 안정성 따위 보장받지 못한 채 근근이 먹고사는 이들이 있다. 코로나19 이후 대중 사이에서 '필수' 직업이나 '핵심 노동자'라는 개념의 재평가가 이루어졌지만 주로 의사와 간호사, 때론 NHS 직원들이 이야기되었을 뿐, 병원 짐꾼(병동과 부서 간에 환자와 의료 장치 등을 옮기는 일을 하는 사람들로 일반적으로 병원 내에서 가장 낮은 급여를 받는다—편집자)이나 청소부가 호명되는 경우는 드물었다. 사회복지 분야 종사자는 일반 노동연령 인구에 비해 코로나19로 사망할 위험성이 두 배나 높았음에도 불구하고 대체로 무시당했다.[10] 격리 생활 중 배달노동자들과 슈퍼마켓 선반 정리 노동자의 중요성은 종종 언급되었지만 사회적으로 덜 인정받는 이 노동자들에게 할인이 제공되거나 대중의 관심이 향하는 일은 거의 없었다.

이런 직업들이 대중에게 간과당하는 현상은 직업마다 느끼는 자부심이 다르다는 사실과 유관할 테다. 어떤 일이 사회적으로 평가절하당하는 이유 하나는 그 일이 '여자의 일'이라서다. 노인 돌봄과 유아 돌봄의 경우가 그러하다. 이런 일은 여성, 특히 이민자 여성의 일로 간주된다. 돌봄은 현시대 영국 자본주의의 특징인 극단적 연령 분리로 인해 그리고 노인 돌봄과 보육이 사유화되고 규제가 완화되었다는 이유로 인해 가치를 절하당한다. 어떤 부문이나 일자리가 여성과 관련되거나 '여성화'되면 급여가 낮아지고 평가가 나빠진다. 영국 내 몇 개 지역 의회에서는 급식 담당자, 청소부, 가정부 등 일반적으로 '여성'의 역할로 여겨지는 일자리가 그에 비견할 만한 '남성'의 역할로 여겨지는 일자리에 비해 급여가 낮다는 사실에 관한 소송과 노동쟁의가 이루어졌다.[11] 물론 젠더도 급여 차이의 한 요인이다. 그러나 기술이 필요하든 아니든 여성의 일로 간주되든 남성의 일로 간주되든 '화이트칼라' '중산층' 전문직—여기에 원하는 수사를 덧붙여도 좋다—이 반복적 육체노동을 하는 직업보다 높이 평가받는다는 사실에 대해 생각하지 않고서는 특정한 종류의 일에 대한 사회적 가치절하를 이해할 수 없다. 일을 전문직과 비전문직으로 나누는 구분은 모호하며 이론異論의 여지가 있다. 어떤 부문이나 역할의 지위가 (즉 사회적으로 얼마나 인정받는지 여부가) 그에 결부된 사회적 가치가 달라지면 변할 수 있음에도(사람들이 그 일이 중요하다고 생각하는지 여부는 바뀔 수 있고, '중요한' 것 자체도 바뀔 수 있다) 전문직과 비전문직이라는 두 유형의 구분은 남아 있다. 전문직은 높은 급여, 자율성, 자기계발의 가능성을 누리고 무엇보다 타인의 인정과 존경을 받는 경향이 있다. 전문직의 월급도 삭감될 수 있다. 2020년의 한 짧은 시기를 제외하면 지난 10년 동안 교사, 앰뷸런스 운전자, 대학 교직원, 간호사 등 공적 부문의 많은 직업에서 (상급 경영진 수준을 제외하고) 임금 삭감이 일어났다.[12] 하지만 급여와 근무조건이 악화되어도 사회적 지위는 유지되었다. 어떤 경우에 공적 부문의 전문직은 기술을 요하는 육체노동 직업보다 평균 급여가 낮다. 그럼에도 전문직 종사자들은 인정, 사회적 존경, 사회적 자본을 누리는데 이는 개인에게 이로울 뿐 아니라 공정함, 존엄성, 공익에 도움이 된다는 등의 의미부여를 할 수 있으므로 급여와 근무조건을 개선시키는 근거로 활용된다.

여자를 위한 일

2017년 5월, 당시 수상 테리사 메이Theresa May는 재선 유세에서 자기 집엔 '남자의 일'과 '여자의 일'이 있다고 말했다가 호된 비난을 받았다. 가볍게 진행한 인터뷰 중 툭 뱉은 이 한 마디가 페미니스트를 자처하고 있던 메이에게 영향을 미쳤다. 도대체 어떤 페미니스트가 아직까지 가사 일에 젠더를 결부시키는 케케묵은 관념을 품고 있단 말인가? 메이의 발언에 대한 사람들의 격분에서 흥미로웠던 건, 테리사 메이가 페미니스트인지 여부 또는 그녀가 기성 젠더 관념을 무비판적으로 받아들이거나 이의를 제기하기를 거부했는지 여부가 아니었다(특히 애초에 그녀의 긴축 전력前歷과 정부에서의 적대적 환경은 어찌 보아도 페미니스트적이지 않았기에). 사람들은 본능적으로 어떤 일이 남자의 일이고 어떤 일이 여자의 일인지 알았다. 무겁거나 일상적이지 않은 도구와 기술을 필요로 하는 것은 남자의 일일 테고, 일상적 기술과 민첩한 재주가 필요한 일 또는 뭔가를 직접 기억하거나 남에게 기억을 상기시키는 것을 골자로 하는 일은 여자의 일일 테다. 온라인 쇼핑을 하는 사람은 여성이고 택배를 집으로 들여오는 사람은 남성이다. 노동의 젠더 분화는 좋든 싫든 이의를 제기하든 그러지 않든 어떤 것이 좋은 행동인지에 관한 기성의 관념으로 굳어져 있다. 이런 관습을 일종의 이데올로기적 속기連記로 생각해도 좋다. 이는 젠더에 대한 기존 인식에 기댈뿐더러 그 인식을 다시금 또렷이 표현한다.

　우리는 억압된 집단에 속한 운 좋은 소수가 사다리 위쪽의 전문직 계급으로 어떻게 올라갈 수 있는지 생각하기보다, 임금이 낮고 사회적 가치도 낮게 평가되는 부문에 속하며 '더러운' 취급을 받는 저임금 노동이 어떻게 현존 권력관계의 원인이자 결과인지 생각해보아야 한다. 이런 관점에서 일을 생각할 때, 여성의 일에 관한 문제는 단지 특정한 (다시 말해 일류인) 커리어에 접근권이 부족하다는 것이 아니라 어떠한 연상이 굳어져 있다는 것이다. 이 세계에서 여성은 복종하고 남을 돌보고 미숙한 반면, 남성은 강하고 능숙하고 남을 돌보지 않는다. 역사적으로 숙련노동과 미숙련노동의 분류는 일터에서 젠더가 체험되고 형성되는 주된 방식이었다. 물론 다른 일보다 기술을 더 필요로 하는 직업도 있다. 학교생활과 기본적 사회화(젠더에 따라 기술의 사회화도 달라질 것이다)를 통해 대부분의 사람들이 획득한 정도의 일반적 훈련을 필요로 하는 업무가 있는가 하면, 특별한 훈련을 필요로 하는 업무도 있다. 그러나 보통 여성이 도맡는 일자리를 숙련노동의 법적·사회적 분류에서 배제시키는 것은 여성 임금을 억누르는 하나의 방법이었다. 자신의 시간을 희생하여 남을 돌보는 애정 넘치는 아내‐어머니라는 이상적 여성상은 여성이 무급 가사노동을 잔뜩 떠맡도록 하는 데에 유용했으며, 그 영향이 임금노동에도 스며들어 있다. 대체로 돌봄노동은 비교적 저렴하거나 완전히 무급이다. 똑같은 일이 '남자'의 일이었다가 '여자'의 일이 되면 지위와 임금이 낮아지는데, 특히 남성의 임금으로 한 가정의 생활비를 전부 댄다는 '가족 임금'의 개념이 19세기에 지배적으로 부상하며 이런 현상은 심화되었다.[13]

일에서 젠더와 관련된 기술의 의미는 단순히 상사 개인이 만들어낸 것이 아니었다. 여기에는 숙련노동과 다른 노동 사이의 경계를 정한, 남성이 지배하는 노동조합의 지원이 있었다.[14] 인종과 민족성에서도 유사한 패턴을 찾을 수 있다. 인종 집단 또는 민족에 대한 고정관념(검소하다, 게으르다, 근면하다, 폭력적이다 등)을 강화시키는 문화적 연상, 각본과 속기는 일에 기대어 있으며 일을 통해 재생산된다. 페미니스트이자 시인인 오드리 로드Audre Lorde는 어느 날 어린 자녀와 장을 보다가 어머니와 외출한 어린 백인 아이가 자기 아이를 가리키며 이렇게 말하는 걸 들었다. "엄마, 저기 봐요. 아기 하녀가 있어요."[15] 영국에서 돌봄노동자나 청소부로 일하는 흑인 여성은 사적 부문인 가정보다 공적 부문에서 일할 가능성이 크므로, 미국에 비해 업무의 종류는 같더라도 환경은 상당히 다르다.[16] 이것이 영국에서 인종 분리가 드러내고 유지시키는 위계가 미국보다 덜 적나라하다는 의미는 아니나—미국에선 1930년에 흑인 여성 5명 중 3명이 어떤 가정의 하인으로 일했다[17]—그 구체적 표현은 다르다. 윈드러시 세대에 속하는 카리브해 출신 이민자들(1948년에서 1973년 사이에 영국으로 이민했다)들이 여러 해 동안 사회의 가장 약자들을 돌보는 일을 포함해 공공을 위해 일했음에도 수당과 건강보험을 거부당하고 심지어 강제 추방당하기까지 했다는 데에는 아주 구체적인 폭력이 있다. 간호사, 병원 짐꾼, 청소부, 돌봄 보조원들의 일은 필수적이다. 그들의 일은 인간의 생명을 유지시킨다. 그러나 인종과 젠더에 대한 유해한 사고에 의해 그 일은 낮은 지위로 고착되기에, 돈을 받고 그 일을 하는 이들은 잔인한 처우를 당하게 된다.

자연의 일

　자본주의 체제에서의 일을 이야기하려면 자본주의가 일과 인간의 노동을 통해 지구에 끼친 피해를 이야기하지 않을 수 없다. 그중 하나가 현대 일터에서 나오는 엄청난 양의 쓰레기다. 테이크아웃 커피잔, 인쇄한 회의 자료, 업무를 새로 아웃소싱할 때마다 버려지고 갱신되는 회사 이름이 붙은 근무복. 또 하나는 자본주의적 일에 의해, 근무 활동 또는 그 일의 전제 조건으로 인해 아무리 애써도 피할 수 없이 만들어내게 되는 심한 오염이다. 다른 무엇보다도, 이윤 동기에 이끌리는 체제는 이윤이 유지되는 한 환경 악화에 대해 무관심하다. 세계의 많은 지역에서 기후 위기는 이미 현실이다. 특히 기후 위기의 책임이 가장 덜한 남반구 나라들에서 더 잦은 가뭄, 흉작, 폭풍이 일어나기 시작했다. 비교적 안전한 영국에서도 홍수, 폭염과 같은 극단적 기후 현상이 전보다 흔해지고 있으며 자원이 제일 부족한 지역이 가장 큰 피해를 당한다.

자본주의 체제에서 일은 풍경에 표식을 남긴다. 그 일부는 명백하고 가시적이지만 (잘려버린 나무, 지하에서 파낸 광물, 지면에 깔린 도로와 철도처럼) 그만큼 눈에 띄지 않는 표식도 있다. 하나의 사례가 항생제다. 1928년에 발견된 페니실린은 1940년대 이후 미국의 기업식 농업 신기술을 활용해 공장에서 대규모로 생산되었다. 공장 생산분을 빼면 자연적으로 존재하는 항생제의 양은 매우 적다. 수많은 연합군 병사들을 치료한 기적의 약, 페니실린은 대규모 생산이 시작되기 전에는 전선에서 재활용되었다. 페니실린으로 치료받은 병사의 소변을 수거해 재활용한 것이다.[18] 1940년대 초반부터 박테리아가 항생제에 대한 내성을 얻을 수 있음이 알려졌다. 과거에 이는 선택압력 아래에서 수직적으로 유전되는 형질이라고 추측되었다. 그러나 훗날 유전 연구를 통해, 플라스미드(DNA 염색체 바깥의 원)와 같이 접합하는 박테리아 사이를 '건너뛸' 수 있는 DNA의 기동성 있는 부분을 통해 내성이 수평적으로도 전달될 수 있음이 밝혀졌다. 항생제는 박테리아 사이에서 오갈 수 있는 잠재적 내성 형태의 풀을 키움으로써 미생물 세계에 지대한 변화를 가져왔다. 이를 명확히 볼 수 있는 사례가 양성 토양 박테리아였던 아시네토박터 바우마니Acinetobacter baumannii가 항생제에 내성이 있는 병원균으로 바뀐 경우와 같이 박테리아가 새로운 형태의 내성을 빠르게 얻을 때다. 연구에 의해 단 한 번의 수평 전달만으로 45개의 내성 유전자를 전할 수 있음이 밝혀졌다.[19]

이라크 내 미군 병원에서 만연하여 '이라키박터Iraqibacter'라는 이름을 얻었으며 이라크와 미국의 민간인들에게까지 퍼진 아시네토박터 바우마니는 제재의 도가니와 신제국주의 전쟁, 미군의 깃발 아래 실행된 다른 '개입' 내에서 태어난 것으로, 인간의 노력이 자연 세계에 심한 영향을 미쳤다는 가시적 표식이다. 현대 생명과학을 연구하는 역사학자이자 사회학자인 해나 랜데커Hannah Landecker는 이런 영향을 그녀가 고안한 '생물적 역사'라는 개념에 비추어 생각해보라고 청한다. 생물적 역사란, 인류의 역사를 박테리아의 삶을 통해 물리적으로 해석하는 것이다. 이런 개념적 렌즈를 통해 보았을 때 자연은 인간 행위의 대상이 되는 인간 바깥의 체제가 아니다. 인간은 자연을 근본적으로 바꿀 수 있으며 스스로 그 역동적인 일부를 구성한다. 랜데커는 항생제의 내성이 인간 활동에 의해 유발된, 후기자본주의의 집단적 생태환경이라고 주장한다. 즉 오늘날의 박테리아는 현대 항생제 이전에 존재했던 박테리아와 생리적·의학적·생태적으로 다르다는 것이다.

항생제는 과거엔 치명적이거나 생명에 지장을 줄 가능성이 높았던 감염을 치료한다. 또한 감염 위험성을 낮춤으로써 수술, 장기 이식, 화학요법을 한결 용이하게 한다. 오늘날 출산은 예전보다 훨씬 덜 위험하다. 항생제는 이렇듯 분명히 중요하나, 현존하는 항생제의 효능은 줄고 있다. 1980년대 이후 새로운 항생제는 개발되지 않았다. 항생제는 제조 비용이 비싸고, 무엇보다 아주 대량으로나 아주 높은 가격으로는 판매될 수 없다―새 항생제는 아직 마지막 수단으로 예비해둔 셈이다. 그리하여 현재 시장에는 항생제 연구와 개발을 위한 장려책이 거의 없다. 그런데 기후 위기로 인해 감염병은 종류도 늘어나고 유행도 더 심해질 것이다.[20] 자본주의 체제에서의 일은 기후 재난을 피하기 위해 필요한 심원한 변화, 우리 삶의 기준을 바꾸어놓을 변화를 일으키지 못한다. 생활수준은 유지되거나 심지어 높아질지도 모르지만, 떨어질 가능성도 똑같이 높다. 아니, 떨어질 가능성이 더 높을지도 모른다. 어느 쪽이든 우리는 자본주의자들의 기대가―계속해서 이윤을 내고 그 이윤을 투자할 거라는 기대가―삶의 지속과 양립 불가능하다고 확언할 수 있다. 그들과 겨루려면 다중 전선에서 더 심도 있는 행동을 취해야 한다. 그들은 싸우지 않고서는 낡은 이윤의 질서를 놓아주지 않을 테니. 인류생태학 강사 앤드리아스 맘Andreas Malm은 우리에게 경고한다. "지배계급은 절대 행동을 취하도록 설득되지 않을 것이다. 그들은 설득을 받아들이지 못한다. 사이렌이 더 크게 울릴수록 더 많은 물건을 들고 불로 돌진한다. 그러니 방향 전환이 그들에게 강제되어야 한다."[21]

나는 싱크탱크 커먼웰스Common Wealth의 수석 연구원이자 환경 운동가이자 작가인 에이드리엔 불러Adrienne Buller를 만나, 환경에 있어 자본주의란 어떤 의미인지 물었다. 그녀는 이렇게 답했다.

근본적으로 금융이 지배하는 자본주의 경제는 부와 경제력에 충격적인 불평등을 만들어냈습니다. 기후와 환경 재난을 불러오고 있는 것이 바로 그 불평등입니다. 과감할 정도로 평등한 세계경제를 설계하지 않고서는, 거주할 만한 지구를 지켜내지 못할 것입니다.

일은 자본주의를 지속시키는 중심 제도다. 가치 추출의 처소이자 과정이며, 이 과정은 개인뿐 아니라 자연 세계에도 짙은 흔적을 남긴다. 온갖 종류의 구조적 불평등은 자본주의와 자본주의에서 이루어지는 일의 전제 조건이자 산물이다. 인간의 노력은 모든 다양한 형태로서 세상을 바꿀 힘이, 세계를 변화시킬 능력이 있다. 그러나 이런 능력은 현재 대규모로 피해를 일으키는 활동에 집중되어 있으며 분리해낼 수 있는 부분은 분리되어 인간의 삶을 파괴하는 데에 집중적으로 쓰이고 있다.

7장

유령과 게으름뱅이:
일터에서의 저항

슬랜티SLANTY®사에서 설계한 변기의 좌석은 8도에서 13도 사이의 각도로 기울어져 있다. 이 경사로 인해 변기에 앉아 있기가 금세 불편해진다. 13도 각도에서는 변기에 5분에서 7분 이상 앉아 있으면 고통이 느껴진다.[1] 이 경사진 변기는 사람들이 화장실에서 보내는 시간을 줄이기 위해 설계되었다. 슬랜티사에서는 변기에 앉아 있는 시간을 줄이는 것이 위생적이고 치질이 생길 위험을 줄인다면서 건강상 이점을 애써 강조한다. 그야 사실일지도 모른다. 하지만 역으로 건강 상태로 인해 변기에 오래 앉아 있어야 하는 사람들에게는 해당되지 않는 이야기다. 슬랜티사에서 제안하는 변기의 또다른 기능은 일터에서의 효율성을 제고시키는 것이다. 그들은 평균적인 사람이 일터에서 필요한 것보다 25%나 긴 시간을 화장실에서 보낸다며, 금세 불편해지는 변기를 도입함으로써 고용주들이 생산성을 증대시킬 수 있다고 말한다. 이 변기의 존재는 그저 논란의 대상이 되는 특이점으로 보일지 모르겠으나, 실은 경영진이 노동자들에게 통제력을 행사하고자 소구할 수 있는 전형적인 방법이다. 이 변기야말로 일터의 핵심 역학을 생생하고도 고통스러울 만큼 정확히 보여준다. 경영진의 목표는 노동자들을 가능한 한 긴 시간 동안 분주히 일하게끔 하는 것이다. 그러기 위해 스케줄 근무를 이용하기도 하고 야근하는 사람들을 위한 무료 피자, 맥주와 같은 특전을 이용하기도 한다. 이제 직접적 강제력이라는 수단을 사용하는 건 흔하지 않지만 더 부드럽고 숨겨진 강압이 그 자리를 대체했다. 일터에 있는 동안 당신의 시간은 당신의 것이 아니라고 상기시키는 살짝 경사진 변기처럼. 당신의 시간은 회사의 것으로서, 회사는 그 중 단 1초도 당신에게 내주지 않으려 별의별 수를 다 쓸 것이다.

그런데 여기에 장단 맞추기를 거부하면 어떤 일이 벌어질까? 아무도 모르게 업무를 멈추면 어떤 일이 벌어질까? 기이하기 짝이 없는 망상처럼 들리겠지만, 69세의 스페인 공무원 호아킨 가르시아Joaquin Garcia가 해낸 일이다. 스페인 신문에 의해 '엘 풍시오나리오 판타스마El Funcionario Fantasma(유령 공무원)'라는 별명이 붙은 가르시아는 월급을 받으면서 장장 6년 동안 출근하지 않았다. 그는 결국 1년 치 세후 연봉을 벌금으로 냈다. 그리 나쁜 장사는 아니다.[2]

이런 업적을 꿈꾸는 것을 넘어 실행에 옮기는 이는 거의 없으리라. 하지만 우리 대부분은 어떤 식으로든 일터에서 일에 저항하며 우리의 시간과 주체성과 생각을 되찾으려 애쓰고 있다. 그중 가장 흔한 형태의 저항으로 이야기를 시작해보자. 일터에서 우리는 개인적으로 저항한다. 내 예전 직장에는 사무실 여기저기를 가능한 한 시간이 오래 걸리는 경로로 돌아다니는 동료가 있었다. 그는 책상 사이를 이리저리 누비고, 동료와 마주치고, 언뜻 보면 업무와 관련된 진지한 대화처럼 보이는 수다를 시작했다. 사실 이런 행동은 아주 흔하다. 한 연구에 의하면 평균적인 사무직 노동자는 하루에 50분을 일을 피하는 데 쓴다고 한다.[3]

물론 우리가 일 대신 하는 다른 일이 전부 재미나 즐거움을 위한 건 아니다. 일터에서 급한 일이 생겨 몰래 하는 통화나 몰래 보내는 메시지는 일의 위기가 사회적 재생산의 위기이기도 함을 상기시킨다. 복지수당이 삭감된 관계로, 유급 노동을 더 많이 해야 할수록 무급 돌봄노동도 늘어난다. 하지만 많은 이들에게 일터에서의 개인적 저항은 대체로 반복적 업무를 하며 느끼는 지루함과 일터의 노골적인 멍청함으로 인해 느끼는 좌절감을 모면하기 위한 것이다.

농땡이의 분류

일터에서 벌어지는 저항 중 가장 흔한 것은 제한적으로나마 자율성을 주장할 수 있게 해주는 소소한 농땡이일 것이다. 상사와 동료들에게서 숨어 화장실에서 시간을 보내는 걸 자율성이라고 말할 수 있다면 말이다. 터무니없게 느껴지는 경영진의 선언에 대해 반발할 때, 우리는 시간을 훔친다. 통제의 경계선을 두고 펼쳐지는 장기전 중간중간에 소규모 접전들이 벌어진다. 우리는 시간을 일시적으로 되찾고자 어떤 행동들을 한다. 점심시간을 오래 쓰기, 흡연자들과 담배 타임에 어울리기 또는 심지어 담배를 배우기, 소셜 미디어를 보다가 동료가 지나가면 급하게 엑셀이나 워드 문서를 열기, 나아가 근무시간에 다른 일자리 찾기.

이런 소소한 시간 도둑질은 짜릿함을 줄 수도 있고, 일과를 가까스로 버티게 해주는 도구일 수도 있다. 가게측에서 물건을 훔쳐가는 이들을 예상하고 그로 인한 손해에 대해 계획하듯 고용주도 직원들이 농땡이를 부릴 것을 고려해 여유를 둔다. 여유를 얼마나 두는가는 부문마다 다르고, 농땡이가 허용되는 범위는 노동자들의 상대적 힘에, 그들의 일자리와 결부되는 특권과 전문성에, 그들의 일을 기술적으로 감시하는 게 가능한지 여부에 달려 있다.

영국이 산업화되던 시기 공장주들은 노동자들에게서 시간을 숨기는 것이 보통이었다. 그들은 시계를 앞뒤로 돌리며 비밀리에 쉬는 시간을 단축시켜 이윤을 극대화하고자 했다. 노동자들은 이를 알면서도 할 수 있는 일이 거의 없었고, 심지어 손목시계를 소지했다는 이유로 해고당할 수도 있었다.[4] 오늘날 일터에서 시간을 둘러싼 전투는 그때와는 다르다. 상사들은 이제 시계를 돌리지는 않지만, 그 대신 직원들의 회사에 대한 책임감과 충성심을 키우고자 노력한다. 계약에 충실하게 일하는 것을 넘어, 끊임없이 성과를 개선시키도록 장려하는 것이다. 채용시에 맡기로 한 업무를 이행하는 것만으로는 부족하다. 직원이라면 무릇 계속 발전하고 자기계발을 해야 한다. 물론 같은 일자리에 영원히 매여 있는 건 지루하고, 승진 과 연봉 상승 기회를 부정당하는 것도 해로울 수 있다. 그러나 업무 를 항상 더 잘 해내야 한다는 요구는 보통 승진을 위해서가 아니라 일상적인 기대로서 주어진다. 그로써 근무시간 중 업무 강도는 높 아지기 마련이다. 끊임없는 개선을 요구한다는 건 기준을 계속 높 인다는 의미로서, 직원들은 충족 불가능한 기준을 충족시키느라 더 많은 시간을 빼앗긴다. 노동자들이 일터에서 일하지 않는 시간을 확보하고자 노력하는 동안, 경영진은 일 자체를 강화시킨다.

이런 강화와 그로써 빼앗기는 시간에 대항해, 일터 내에서 두 번째 유형의 저항이 생겨난다. '경영진 기피 전략'으로 통칭할 수 있 는 행동들이다. 이때 경영진이란 관리자들 그리고 그들에게서 분리 될 수도 있고 되지 않을 수도 있는 경영의 도구와 기술들을 일컫는 다. 경영진 기피 전략의 하나는 주기적인 재택근무다. 일터에 출근 하지 않으면 관리자에 의해 감시당하는 업무의 범위가 크게 줄어든 다. 때로 재택근무는 자기 시간을 확보하며 게으름을 피울 수 있게 한다. 내가 아는 어떤 사람은 아침에 눈을 뜨자마자 침대에서 원격 으로 데스크톱에 로그인하고 몇 시간을 더 잔다. 재택근무는 같은 업무를 더 오랜 시간 동안 하거나 다른 시간에 할 수 있다는 의미일 수도 있다. 영국에서는 원격 감시가 아직 금기시되고 있지만 코로 나19 락다운 시기 동안 기업들은 직원의 활동을 확인하는 소프트웨어의 사용에 관심이 커졌다. 이런 종류의 기술은 종종 팀워크 개선이나 직원의 안녕에 초점을 둔다고 주장하며 이런 부드러운 서사를 통해 정상으로 받아들여지고자 한다.

또 하나의 흔한 전술은 스스로 필수 인력이 되는 방법을 찾아내는 것이다. 어떤 물건을 작동하는 방법을 아는 사람이 당신뿐이고 그 물건이 일터에서 중요한 것이라면, 당신은 일상생활에서 조금 더 통제권을 얻어낼 수 있다. 거창한 일이 아니어도 된다. 사무실의 모든 사람이 텍스트를 복사하고 붙여넣는 것을 어려워하는데 당신이 문서 작성 전문가라면, 어떤 업무를 하는 데 걸리는 시간을 위장할 수 있다. 당신이 하는 일을 이해하는 사람이 아무도 없다면, 뻔한 일상 업무를 하는 사람보다 감시와 관리에서 한결 자유롭다. 예를 들어 H&M 매장에서 데님 섹션을 맡은 직원의 경우 청바지를 잘 개켜두지 않으면 금방 티가 난다. 청바지 더미가 금세 흐트러지고 고객들은 원하는 사이즈를 찾지 못하고 곧 옷이 바닥으로 떨어지기 시작할 테니까. 반면 이미지 파일을 편집하는 법을 아는 사람이 사무실에 당신 혼자라면, 그 일이 실제보다 더 오래 걸리고 힘든 척을 하면서 바쁘고 스트레스 받는 업무 중에 방해하지 말라고 으름장을 놓을 수 있다. 게다가 당신의 전문성이 귀하고 사업에 핵심적이라면, 당신을 해고하고 전문성을 잃는 건 비용이 꽤 높다. 자칫해서 컴퓨터 시스템이 충돌할 위험성까지 있다면 두말할 것도 없다. 이것이 사람들에게 상대적 자유를, 상사의 말도 안 되는 요구에 "아니요"라고 말하거나 대답을 미룰 능력을 준다.

다음으로 흔한 전략은 엄밀히 말해 경영진을 피한다기보다는 고용주와의 관계를 보다 원활하게 만드는 전략이다. 영국의 평균적인 사람은 5년마다 직장을 바꾼다. 젊은이들이 나이 든 이들보다 일자리를 더 자주 바꾼다.[5] 미국에서 55−64세 노동자의 평균 근속기간은 10.1년이었던 반면, 25−34세 노동자의 평균 근속기간은 2.8년이었다.[6]

많은 사람들이 빠르게 직장을 바꾼다. 보편적인 평생직장이라는 개념은 포드주의의 전성기 동안에도 일종의 신화였으며 지금은 그때보다 이직률이 높다. 불안정한 저임금 직종의 이직률은 더 높다. 영국에서 평균 이직률은 15%임에 반해 콜센터의 이직률은 26%다. 전체 일자리의 24%가 0시간 계약인 돌봄 부문에서 이직률은 31%다.[7] 사실 상사 입장에서는 많은 훈련을 요하지 않고[8] 업무 강도가 높은 일자리의 경우 이직률이 높은 편이 오히려 바람직하다. 아마존 창고가 전형적인 예다. 아마존 창고는 인력 교체가 쉽고 직원들을 결속시키는 노동조합이 이리저리 쪼개져 있는 상황이라, 이직률이 높으면 아프거나 부상당하거나 어떤 식으로든 취약한 직원에 대한 책임을 기피할 수 있다. 직원이 자주 바뀌니 업무를 강화시키는 것도 더 원활하고, 직원들 간 결속력이 없으니 직원을 다루기도 더 쉽다.

개인 노동자 수준에서도 이직은 일하는 일상을 견디기 더 쉽게 만들어준다. 아무리 지루하더라도, 새 일에는 재미난 기분 전환 몇 가지가 있기 마련이니까. 새로운 동료들을 만나고, 업무를 배우고,

경영진의 선이 어디쯤인지 확인해보고(무얼 해도 되고 무얼 하면 안되는지), 점심 먹을 식당은 어떤 곳들이 있는지, 커피머신은 무엇을 쓰는지, 해질녘에는 건물의 어떤 부분에 어떻게 빛이 드는지 알아가는 것처럼. 이는 만연한 고통과 착취의 적나라한 얼굴 앞에서 사소해 보일지 모르나 일터에서의 일상적 경험에서는 중요한 부분을 차지한다. 저임금 노동의 쉼 없는 절망과 강도 높은 업무 앞에서, 새로운 것은 친숙한 것보다 나을 수 있다. 심심하면 한 번씩은 단조로움을 깨주니까.

어쩌면 일터에서 저항의 가장 기본적이고 흔한 형태는 노동자 개인의 정신 안에서 일어나는지도 모른다. 일터에서 노동자에게 사회성을 요구하는 관행은 오래되었다. 70년 전 사회학자 C. 라이트 밀스C. Wright Mills는 그가 "성격 시장"이라고 이름 붙인 현상에 대해 이야기했다. 사무직 노동자들이 갈수록 커리어를 위해 자신의 성격 요소를 사용하고 계발하도록 기대받고 있다는 것이었다. 이러한 요구는 이제 흔해졌다. 심지어 저임금 노동에서도, 아니 오히려 저임금 노동이라서. 자신의 성격을 제분소에 넣고 돌릴 곡식인 양 고용주를 섬기기 위해 계발해야 할 것으로 여기기를 거부하거나, 자신에게 주어진 요구에 외적으로만 순응하는 일은 흔하다. 고용주가 당신에게 일에 감정적으로 옭매이라고 요구할 때, 일을 사랑하기를 거부하는 것, 일을 인생의 가장 중요한 것으로 여기길 거부하는 것은 일종의 저항이 될 수 있다. 일의 정서적 요구를 거부하는 것이 특정 업무의 거부로 이어지는 때도 있지만, 그보다는 일터에서 받는 가장 짜증나는 요구에 진지하게 응하기를 거부하는 정도가 더 흔하다.

물론 당신은 일터를 떠날 수 있다. 어떤 면에서 이는 협박거리가 될 수도 있다. 하기 싫은 일을 시키면, 그냥 떠나겠다고. 그런데 이런 협박이 통하려면 당신을 다른 인력으로 대체하기가 어렵거나 비용이 많이 들어야 한다. 대부분의 경우는, 특히 실업률이 높고 노동조합의 힘이 약해진 시기에는, 그렇지 않다. 대부분의 노동자는 일자리가 그를 필요로 하는 것보다 더 많이 일자리를 필요로 하므로.

노동자들, 감시당하다

영국의 2001년 드라마 〈오피스The Office〉는 일터의 아둔함을 혹독히 비판한다. 하루 종일 형편없는 사람들과 함께, 주관적으로 당신에게 거의 의미가 없고 전체 사회에 기여하는 바는 더 적은 무언가를 하며 보낸다. 더 나쁜 건, 일에 마음을 쏟는 척이라도 해야 한다는 거다. 이러한 좌절감은 말다툼과 농땡이로 이어진다. 한 인상적인 장면에서 어느 등장인물이 동료의 특별한 스테이플러를 젤리로 감싸고 있다. 새 직원에게 사무실을 소개하고 있던 상사는 그것을 보고 "여긴 미쳤어"라고 설명한다. 사무실에서의 업무는 실제 인간 사회생활의 공허한 패러디가 된다. 껍데기만 남아 웃는 척 해야 하고, 신경쓰는 척 해야 하고, 수다와 업무를 위한 대화를 무한히 나누어야 한다. 미래는 연기되고 이메일에는 답신한다.

〈오피스〉는 분노와 지루함이라는 널리 퍼진 감정을 다루었지만, 사실 일의 가장 지독한 부분에 저항할 능력에 관해서라면, 전형적인 사무직 노동자는 특권 계급에 속한다. 지금껏 나열한 저항 사례들 대부분이 자신의 일에서 상대적인 자율성을 가지기 위한 것이었다. 현대 사무실에서는 과거에 특별한 기술을 지닌 이들이 했던 다양한 업무를(회의록 작성, 전화, 브리핑 작성, 이메일 전송, 예산 계산 등등을) 여러 직원들이 맡고 있다. 결과물을 주기적으로 또는 뭔가 심하게 잘못되었을 때에 한해 검사받지만 일상적 업무는 어느 수준까지는 개인 노동자의 통제 내에 있다.

사무직 노동자들의 활동도 감시당할 수 있다. 하지만 일상적인 감시는 백안시된다. 사무직 노동자들은 자신이 어떤 과정을 통해 업무를 배정받는지, 그 업무를 하기 위해 필요한 소프트웨어를 어떻게 사용하는지 안다. 그렇기 때문에 농땡이를 피우는 것도 쉬운 편이다. 반면 언제, 어디서, 어떻게 특정 업무를 해야 하는지에 관해 아무런 통제권이 없는 노동자도 많다. 칼럼 칸트Callum Cant는 딜리버루Deliveroo 라이더에 관한 연구에서 애플리케이션을 통해 이해하기 힘든 알고리즘 기술의 관리를 받는 경험을 이렇게 설명한다.

애플리케이션이 어떻게 작동하는지에 대해 추측이 분분했다. 정교한 이론이 펼쳐졌다 …… 그중 인기 있는 이론은 5초마다

155

우리의 위치가 스캔되고 식당에서 라이더를 호출한 5초 안에 식당에 가장 가까이 있는 라이더에게 호출이 간다는 것이었다. 하지만 이론들은 추측과 소문의 조합일 뿐이었다 …… 우리의 일이 어떻게 조정되는지는 우리로부터 숨겨져 있었다.[9]

일의 성과가 측정되고 모든 움직임이 기록될 때, 기대치를 충족시키지 못하는 노동자는 심각한 문제에 빠질 수 있다. 현대 일터의 기술은 실리콘밸리에서 주장하듯 효율성을 목표로 중립적으로 운용되는 무언가가 아니라 노동자들 위에 버티고 서서 권력을 쥔 경영진의 연장으로서 행위하는 강압적인 무언가다. 기술의 규제가 위에서 설명한 농땡이 행위를 없애지는 않는다—사람들은 언제나 자기 시간을 되찾을 방법을 찾아냈으니까. 다만 농땡이를 피우는 건 더 힘들게 만든다. 기존에 특권을 누리던 전문직 노동자들의 상황이 악화되면, 강압적인 감시 관행도 다른 직종으로 더 퍼져나갈 가능성이 높다. 컴퓨터가 당신이 각 업무에 얼마나 시간을 보내는지 확인할 수 있으면 굳이 상사가 당신의 어깨 너머를 엿볼 필요가 없는 것이다.

이런 유형의 감시가 실제로 어떤지 이해하기 위해 기술이 관리하는 일터의 가장 진보되었으며 가장 진부한 예를 살펴보자. 콜센터가 그곳이다. 마크 피셔는 그가 '진부한 사이보그'라고 이름 붙인 콜센터 노동자들이 현시대 노동자의 전형적인 사례라고 주장했다. 대략 100만 명이 일하고 있는 영국의 콜센터 5000개소에서, 노동자와 관리자 사이 통제권의 경계선은 끊임없이 체감된다.[10] 콜센터 노동자의 입장에서는 통화 한 번이라도 잘못했다가 문제에 빠질 가능성이 아주 현실적으로 느껴진다. 고객과의 모든 통화를 어느 때든 다시 듣는 게 가능해졌기 때문이다.[11]

나는 전직 콜센터 노동자이자 사회학 연구자인 모건 파월 Morgan Powell과 콜센터에서의 통제 및 저항에 대해 이야기를 나누었다.

2년 동안 콜센터 세 곳에서 일했습니다. 어디서나 똑같은 무력감을 키워주더군요. 근무일의 일하는 속도는 자동화된 콜 대기와 엄격한 목표에 의해 정해졌습니다. 처음 일을 시작할 땐 초조했지만, 곧 수백 번의 통화가 하나처럼 느껴지기 시작하며 지루함이 엄습했습니다. 대부분의 사람들이 똑같은 재미없는 문제들을 되풀이해 말하고 있었으니까요. 이런 단조로움을 끊어주는 건 폭력적인 통화였는데 그 여파가 몇 주나 갔습니다. 인종차별과 성희롱이 빈번했고, 고객의 전화를 먼저 끊는 건 해고 가능한 행위로서 끊임없는 컴퓨터 감시를 통해 엄중히 검사되었습니다.

콜센터 일을 견딜 만하게 해주는 건 노동자들 사이에 싹튼 동료애가 유일했습니다. 우리에겐 서로가 서로의 편이라는 느낌이 있었으니까요. 경험 많은 노동자들은 신입들에게 어떤 관리자를 반드시 피해야 하는지, 어떻게 꾀병을 부려야 걸리지 않는지,

어떻게 콜 시스템을 조작하는지에 관해 조용히 조언해주었습니다. 감시를 가능하게 한 바로 그 기술이 저항의 기회도 열어주었습니다. 사람들은 콜 대기를 속이거나 과부하를 일으켜 컴퓨터 작동을 멈추는 방법, 폭력적 통화를 다른 직원에게 전달하려다가 '실패'하여 끊는 방법을 알아내고 공유했습니다.

이런 비공식적 저항은 경영진을 근본적으로 흔들기에는 완전히 역부족이지만, 일터에서 노동자들이 잠깐이나마 힘을 되찾게 해주었고, 우리 모두의 근무 경험에 중요한 차이를 낳았습니다.

우리는 무엇에 저항하는가?

'농땡이'의 보편성을 어떻게 이해하면 좋을까? 관리자와 경영 이론가들은 사람들이 시간을 더 효율적으로 사용해야 한다고, 농땡이 피우는 사람이 생기는 이유는 성실한 노동자들에겐 자극이 부족하고 게으른 노동자들은 원래 게으르기 때문이라고 답한다. 나는 이것이 일터에 널리 퍼진 환멸에 대해 아주 만족스러운 대답이라고 생각하지 않는다. 일은 우리의 주의를 붙들어두지 못한다. 일이 우리에게 주겠다고 약속한 의미를 주지 않으므로.

보편화된 지루함과 위에서 읊은 소소한 업무방해 행위들을 널리 퍼진 일에 대한 저항의 증거로 보기는 쉽다. 일터 내에서 비공식적 저항은 정말이지 많이 일어나고 있으니까. 하지만 내겐 아직 질문 하나가 남아 있다. 이런 행위는 정확히 무엇에 저항하고 있는가? 많은 경우 사람들은 다음 일자리는 나을 거라고, 다음 번 직장에선 드디어 의미와 인정을 느낄 거라고, 좋은 상사와 나은 월급 등이 주어질 거라고 희망한다(사실이든 아니든). 분노, 일상적 굴욕, 착취당하는 느낌, 증기를 빼는 압력 밸브처럼 기능하는 저항들이 주로 대상으로 삼는 것은 일 자체가 아니라 현재 직업(짜증나는 업무 또는 형편없는 관리자)으로 국한된다.

널리 퍼진 분노에 의미가 없다는 말이 아니다. 우리가 일자리를 얻으며 바란 일의 약속은 점점 더 많은 사람들에게 갈수록 허상처럼 느껴지고 있다. 일은 우리를 부유하고 행복하게 만들기는커녕 우리 대부분을 가난하고 비참하게 만들고 있다.

어떻게 통제권을 얻을 것인가? 개인으로서 행동한다면, 매일의 근무에서 제일 나쁜 부분에 대처할 수는 있을지언정 그보다 멀리 가지는 못한다. 개인들이 대체로 조직되지 않은 채로 소소한 방해 행위들을 벌이고 있다는 건, 일터에서의 좌절 또는 일에 대한 좌절을 시급히 정치화해야 한다는 뜻이다. 그 방법 하나가 다음 장의 주제로서, 노동조합을 통해 노동자의 힘을 키우는 것이다.

유령 공무원의 이야기로 돌아가보자. 전적으로 감시당하지 않는 일터에서는 몸을 숨길 수 있다. 스스로 유령이 될 수 있다. 유령 공무원은 일종의 설화 속 인물이 되었다. 영웅 지위를 지닌 설화 속 노상강도나 해적과 유사하게, 그는 우리의 (보다 시시한) 소원을 이루어주었다. 상사의 간섭을 받지 않으면서 월급을 받고 살아가는 것. 노동조합에 좀더 힘이 주어진 부문과 일터에 속한다면 이런 변신을 실천하기도 더 쉬울 것이다.

하지만 고용주가 유리한 부문에 속해 있다면—예를 들어 노동조합에 가입하는 것만으로도 블랙리스트에 오르게 된다면[12]—일이 훨씬 어려워진다. 2019년에 한 공사노동자가 많은 이들이 직장에 대해 품고 있는 복수의 판타지를 실현했다. 고용주들이 급여를 주지 않자, 그가 작업하고 있던 트래블로지Travelodge(북미의 호텔 체인—옮긴이) 건물 앞면을 부숴버린 것이다. 그는 5년 4개월 복역을 구형받았다.

트래블로지 파괴 사건은 극단적인 경우이긴 하지만, 중요한 사실을 알려준다. 대부분의 사람들은 자기 일을 거의 통제하지 못하며, 노동자는 사회 안에서 힘이 거의 없기에, 일에서 (급여 미지급, 잔인한 상사, 인종차별 또는 성희롱과 같은) 문제를 마주할 경우 방책이 거의 없다는 것이다. 우리는 유령 공무원을 꿈꾸며 일터에서 자신을 위한 시간을 야금야금 되찾을 수는 있지만 우리가 지금 느끼는 절망을 단체로 조직화하지 않는 한, 사회에 변혁을 일으키지 않는 한, 우리가 바랄 수 있는 건 단지 다음 일자리가 조금 덜 나쁘리라는 것이 전부다.

8장 **힘을 합치기:**
조직된 노동과 노동자들의 꿈

마지막 1달러까지 다 써버렸다고요, 주머니가 텅 비었다고요, 옷이 다 해어져 넝마가 되었다고요, 그런데 아무도 신경쓰지 않는 것 같다고요, 아니, 내게 불평하지 마세요, 그쪽한테 내줄 시간은 없으니, 이제 힘을 합쳐 싸우고 싶다고요, 잘 했어요 나는 그런 말이 듣고 싶어요.

_필 옥스Phil Ochs, 〈그런 말이 듣고 싶어요That's What I Want to Hear〉

보르도의 샤르트뢰즈 묘지, 노동자 8000명이 모여 있다. 1848년, 좌파는 방금 뼈아픈 패배를 겪은 참이다. 이곳에 모인 노동자들은 불행하게 끝나는 1848년의 이 봉기(1848년 6월의 파리 노동자 봉기를 말한다―옮긴이)가 일어나기 몇 년 전 세상을 떠난 누군가를 추모하고 있다. 오늘은 그들이 돈을 모아 만든 흰 기둥을 묘지에 세우는 날이다. 기둥에는 이런 글귀가 적혀 있다. "『노동자 조합The Workers' Union』의 저자 플로라 트리스탕Flora Tristan을 기리며. 감사한 노동자들. 자유, 평등, 박애." 기둥 위에는 돌로 만든 트리스탕의 1843년 저서 『노동자 조합』이 놓여 있다.

트리스탕은 복잡한 인물로서, 추방자를 자처했으며 역사책에서 언급되는 건 그녀가 충분히 기억되지 않는다는 한탄이 전부다. 트리스탕은 맑스와 엥겔스가 『공산주의자 선언Communist Manifesto』을 출판하기 5년 전 처음으로 국제 노동자 조직을 상상한 사람이다. 사실 트리스탕의 책이 출판된 1843년은 맑스와 엥겔스가 제대로 만나기도 전이었다. 『노동자 조합』 출간 이후 트리스탕은 프랑스 순방을 시작했는데, 목적은 단순한 신간 홍보가 아니라 저서의 핵심 아이디어를 실현하는 것이었다. 그녀는 국제노동자연합 설립과 노동자에 의해 선출되어 돈을 받고 일하는 '옹호직'의 필요성을 주장했다. 조합은 회원들에게 걷은 소액의 가입비를 자금원으로 삼아서 노동자들이 일할 권리를 인정받도록 보장할 것이고 권리와 자유, 노동자의 자율성 침해에 저항할 것이다. 노동자 전당을 건설하여 그곳에서 아이들을 교육시키고 (즉 기술과 지성을 훈련시키고) 노인과 장애인을 돌보고 환자를 치료할 것이다. 노동자 전당은 일과 훈련은 물론이요 노동계급 문화의 중심지가 되어, 노동자 개인의 처우를 개선하는 데 그치지 않고 노동계급의 힘과 집단 권력을 키워줄 것이다.

트리스탕은 프랑스를 순방하며 대규모 집회를 열고, 모금을 벌이고, 공장과 노동자 정치 클럽을 방문했다. 경찰은 그녀의 숙소를 수색했고 순방 중 집회 일부가 금지되는 일도 있었다.[1] 몇몇 마을에는 트리스탕 조직의 지부가 설립되었다. 그러나 순방 도중 트리스탕의 건강이 악화되었다. 1844년 9월, 보르도에 도착했을 무렵 그녀는 몹시 쇠약해져 있었고 그로부터 얼마 지나지 않아 장티푸스로 추정되는 병으로 세상을 떠났다.[2] 그녀가 세운 조합 지부의 노동자들은 돈을 갹출하여 4년 뒤인 1848년 그녀의 묘소에 기념물을 세웠다.

트리스탕 이전에도 노동자 조합은 존재했다. 그러나 기존의 조합은 특정 업종과 장소에 국한되기 마련이었다. 다른 지역의 다른 조합에서 오는 노동자를 환대하려는 노력도 있었지만, 모든 노동자를―트리스탕이 말하는 노동자란, 손으로 일하는 모든 이를 뜻한다―하나의 조직으로 단결시키자는 제안을 한 사람은 트리스탕이 최초였다. 트리스탕은 전국으로 세계로 뻗어나가는 노동자 조직을 꿈꿨다. 노동자들이 한데 힘을 합치면 개인이나 업종별로 분리되어 있을 때보다 더 큰 권력을 얻으리라는 바람이었다.

플로라 트리스탕은 1830년대에 런던을 방문해서 다수의 급진적 모임에 참석했다. 의회에 잠입해 아일랜드 하원의원 대니얼 오코넬Daniel O'Connell이 발언하는 모습을 본 것도 그때였다. 오코넬은 다수의 보통 사람에게서 소액 기부금을 모금 받아 활동비를 대고 있었다. 트리스탕은 오코넬을 보고선 노동조합원들에게서 가입비를 걸어 '인민의 옹호자'에게 급여를 준다는 아이디어를 개진시켰다. 그녀가 런던 방문을 다룬 에세이에서 적었듯 잉글랜드, 그중에서도 런던은 산업화를 겪으며 극심한 불평등에 시달리게 된 경제의 추잡한 핵심이었다.

10년 뒤, 또다른 외국인이 잉글랜드를 방문하고 당시 부상하고 있던 산업자본주의의 극악무도함에 대해 비슷하게 충격을 받았다. 그는 프리드리히 엥겔스Friedrich Engels다. 이 시기 그의 연구와 그가 수집한 자료들은 맑스와의 초기 공저 『공산당 선언』의 근간이 된다. 노동운동 초기의 투쟁에 대하여 그들은 이렇게 적었다. "지금도 그때도 노동자들은 의기양양하지만, 승리는 잠시뿐이다. 전투의 진정한 결실은 즉각적 결과가 아니라 한없이 확장해나가는 노동조합에 있다."³

모이면 강하다

노동자들은 구성원의 수만 놓고 보자면 사회에서 가장 큰 계급이지만 개인으로서는 고립되고 원자화되어 있다. 이론적으로는 노동자들을 정치조직과 조합으로 단결시키면 개인일 때보다 큰 힘이 주어진다. 조합의 목표는 크게 두 가지인데, 시기에 따라 일치하기도 하고 상충되기도 한다. 첫번째 목표는 특정 일터의 근무조건을 당장 개선시키는 것이다. 즉 임금을 인상하거나 휴게시설부터 육아

휴직까지 여러 조건을 더 낮게 만드는 것이다. 이런 요구는 새로운 계약의 도입 또는 동료의 해고와 같은 사건에 대응하여 생겨난다. 두번째 목표는 맑스와 엥겔스가 위의 인용문에서 강조한 것과 같은 유형으로서, '한없이 확장해나가는 노동조합', 즉 점점 더 많은 노동자를 조합에 가입시키고 그들의 정치적 의식을 제고시키고 집단적 권력을 신장시키는 것이다. 이 목표를 이루기 위해서는 인구 전체를 놓고 볼 때나 한 직장 또는 부문을 놓고 볼 때나 노동조합에 가입된 비율이 높아야 한다. 여기에 담긴 야망은 여러 가지가 있지만 그중 하나는 특정 지역, 어떤 나라 또는 전 세계에서 노동계급이 더 큰 힘을 발휘하고 정치적 대표성을 얻기를 바라는 것이다.

노동조합이 생겨난 이래 폭력, 투옥, 노동자들의 결속력에 대한 법적 제약 등의 수단으로 조합에 제한을 걸려는 시도가 꾸준히 있어 왔다. 초기에 노동자 조직은 비밀리에 운영되곤 했다. 1820년대에 노동조합이 공식적으로 인정받고 법적으로 보호받는 조직이 되면서 이런 비밀성은 줄어들었다.[4] 노동조합은 수십 년 동안 간헐적 성공과 억압을 겪으며 파업과 피켓시위(일터의 입구에 플래카드를 들고 서서 파업에 참여하지 않은 노동자들에게 파업에 동조할 것을 요구하는 행위―옮긴이)를 할 권리를 얻었고, 고용주의 계약 위반에 대해 법적 행위를 취하기 위한 자금과 보호를 보장받게 되었다.

노동조합은 여러 가지의 법적 보호장치와 노동자 복지를 쟁취해냈다―유급 병가, 유급 연차, 최대 노동 일수 제한, 유급 육아휴직, 부당 해고와 계약위반에 대한 싸움, 심지어 매 주말 쉴 권리까지. 그러나 이런 승리는 여전히 연약하다. 노동조합의 조직력에 대해 지금도 쉼 없는 공격이 이루어지고 있다. 공격의 기세는 꺾일 기미가 없고 신자유주의 아래에서 오히려 박차가 가해졌다. 1980년대 보수 정권 아래에서 파업할 권리를 제한하고 일부 피켓시위와 연대파업(투쟁중인 다른 일터의 노동자들을 지지하기 위한 일종의 공식적 연대)을 범죄로 규정하는 반조합 법안이 통과되었다. 1997년에 노동당이 정권을 되찾았지만 이 법안은 유지되었다. 설상가상으로 2016년에 입법된 새 노동조합법이 조합활동에 더 많은 제약을 가하여, 쟁의행위를 위해 무기명 투표를 시행하기가 어려워졌고 조합의 정치활동도 제한받게 되었다. 이 모든 걸 감안할 때 영국은 유럽에서 최악의 반조합 법안을 가진 국가라고 해도 무방하다.

어렵게 쟁취한 법적 권리에 대해 가해지는 공격은 조합과 조합원들이 '탐욕스럽다'라고 판을 짜는 이데올로기적 술책에 의해 정당화되어 왔다. 기득권층은 노동조합원들을 이기적인 지도자에게 이끌려 무의미한 분쟁에 뛰어든 무지렁이 또는 분수에 맞지 않게 요구사항이 많은 욕심쟁이로 번갈아 묘사하길 좋아한다. 2020년 가을, 대학 교직원들은 코로나19의 2차 유행을 예상하고 대면 근무로 복귀하는 것에 대해 우려를 표했다(그리고 유행은 현실이 되었다). 리즈 이스트 지역의 노동당 하원의원 리처드 버곤Richard Burgon이 의회에서 이에 대해 문제를 제기했다. 버곤이 대면 근무가 위험하다는 과학계의 의견을 제시하자, 교육부 장관 개빈 윌리엄슨Gavin Williamson은 건강과 안전에 대한 우려는 단지 버곤이 편들고 있는 대학 및 칼리지 조합측의 주장일 뿐이라고 답했다. 이 대답이 함의하는 바는 고용주 및 정부와는 달리 조합은 보편의 이익을 위해 행동하지 않는다는 것, 그럴 리 없다는 것이다. 즉 조합은 편파적이고 이기적인 반면, 고용주는 모두의 이득을 위해 행동한다는 것이다. 그런데 역사를 대충만 훑어보아도 또는 바라건대 이 책을 잠깐만 읽어보아도 그렇지 않다는 걸 알 수 있다. 고용주는 모두의 이득을 위해 행동하지 않는다. 이 경우에 대학은 등록금과 임대료 수익을 보장받기 위해 캠퍼스를 빨리 개방하려 안달하고 있었다. 고용주를 움직이는 건 자애로운 보편적 인도주의가 아니라 이윤 동기다. 노동조합은 조합원의 이득을 위해 행동한다는 점에서 고용주만큼 편파적일지 몰라도, 사회 전체에 혜택을 줄 가능성이 더 높다. 노동조합의 행동 각각이 일시적으로는 비조합원들에게 불리할 수 있다. 그러나 조합이 승리하고 보통 사람에게 힘이 주어질수록 다른 투쟁도 힘을 받는다. 실제로는 힘을 많이 잃은 노동조합을 두고 '분수'를 모르고 욕심내는 탐욕스러운 것들이라며 손가락질하는 이데올로기적 미신이 기득권 언론의 대들보 노릇을 하고 있다.

방어에서 희망으로

지난 세기 말 영국에서는 산업의 해체로 인해 노동조합 조직률이 감소했다—기존 산업을 대체한 서비스 부문은 조합원 수가 더 적고, 조합이 조합원들을 대표하여 협상할 수 있게 해주는 인정 협정에 의한 보호가 부재한 경향이 있다.[5] 공적 부문의 경우 조합원 수는 더 많지만, 일자리 감소와 아웃소싱 및 대행사 이용 경향으로 인해 마찬가지로 노동조합 조직률이 감소했다. 1979년에 영국 노동조합 가입자는 1300만 명이었다.[6] 2019년엔 전체 노동자의 23.5% 인[7] 644만 명으로 줄었다.[8] 노동조합원들은 평균 노동자보다 나이가 많다. 2019년 조사 결과 전체 노동자 가운데 35세 이상의 비율이 63%를 차지했으나, 노동조합원의 경우는 75% 이상으로 평균보다 비율이 높았다. 최근 몇 년 노동조합 가입자 수가 반짝 증가하여 2017-2018년에만 10만 명의 신규 가입자가 들어왔지만[9] 전체 가입자 수는 한창때에 전혀 미치지 못한다.

노동조합은 쉼 없는 공격을 받은 끝에 방어 태세로 전환하여, 비교적 잘 조직되었고 인정 협정이 있는 일터를 보호하는 데 주력하고 있다. 이것도 전략이라 한다면, 의미가 없지는 않다. 손에 쥔 게 얼마 남지 않았다면 더 많은 걸 쟁취하려 애쓰는 것보다 가진 걸 보호하는 게 본능에 부합할지도 모른다. 하지만 이건 밀물이 빠르게 들이닥치는 해변에서 남아 있는 모래성 몇 개를 보호하는 것과 같을 수도 있다. 각각의 일터, 그러니까 모래성에서도 상황은 비슷하다. 새로 얻는 게 전무하니 계속 잠식해오는 공격에 대항해 내세울 건 과거의 승리뿐이다. 3장에서 보았듯 우리 시대 긱 경제의 전형인 가짜 자영업은, 하청과 마찬가지로 노동자들을 서로 대립시킴으로써 고용주들이 직접 고용의 비용과 책임을 회피할 수 있게 했다. 그렇게 노동조합은 더 큰 난관에 직면했다.

절망에 빠지기는 쉽다. 이번 쇠락으로 완전히 망했다고 상상하기도 쉽다. 그러나 노동조합운동은 과거에도 여러 번 지금과 같은 법적, 정치적 제약에 직면하여 싸워서 이긴 적이 있다. 폭력에, 보통 폭력이 아닌 치명적 폭력에, 노동자를 극빈으로 몰아넣는 블랙리스트에 맞서 일어선 적이 있다. 더군다나 희망의 새순도 보인다. 첫째로, 코로나19의 여파로 많은 사람들이 노동조합에 가입했다. 2019년 11월에서 2020년 11월까지 한 해 동안 내가 속한 대학 및 칼리지 조합University and College Union: UCU의 조합원은 8000명이 늘었는데 전 해의 신규 조합원 수가 1000명에 머물렀던 것에 비하면 쾌거다.[10] 2020년 첫번째 락다운 동안 2만 명 이상의 교사와 교육 분야의 노동자들이 NEU에 가입했다.[11] 노동조합에 가해진 법적 차원의 공격은 쟁의행위를 위한 무기명투표의 문턱을 높였지만(물론 불공정하고 정당화될 수 없는 일이다) 여기에는 의도하지 않은 긍정적 결과도 뒤따랐다. 조합들이 일터를 더 깊게 조직화하여, 더 규모 있고 강력한 행동을 취할 가능성이 커진 것이다. 새로운 규칙은 심히 억압적이지만, 조합원을 집단적 정치 주체로 키우는 대신 안전한 방어지대로 물러나 조합원 개인만을 지원하고 혜택을 주던 노동조합에 일종의 자극을 가하기도 했다.

이 문제에서 벗어나는 길은 쉽지 않다. 길고 고되며 군데군데 절망이 도사리고 있다. 그 길을 걷는 사람은 오랫동안 힘들고 따분한 노역을 해야 한다. 그러나 이상적으로 생각해보자. 노동조합이 일터에서의 폭정에 대한 개인적 저항을 확대시키고 조직화할 수 있는 지점에 다다르면 어떻게 될까? 개인이 속한 일터에 대한 특정한 불만들을 보편적 정치 계획으로 바꿀 수 있게 되면 어떻게 될까? 이것이 플로라 트리스탕의 야망이자 오늘날 조합 조직가들의 야망이다. 예를 들어 조합 조직가이자 사회변동 이론가인 제인 매칼레비 Jane McAlevey는 트리스탕의 계획과 유의미하게 겹치는 전술들을 주장했다. 트리스탕과 매칼레비 두 사람 다 이미 조합에 가입한 이들에게 나서서 뭔가를 지지하라고 권하는 것보다는 저변을 확대하는 것의 중요성을 강조했고, 무엇보다도 노동자의 전반적 삶을 고려한다. 일터뿐 아니라 가정, 공동체, 예배당에서도 삶은 계속된다. 둘 다 사람들이 퇴근했다고 곧장 노동자 지위에서 벗어나는 게 아니라는 것을, 힘을 빼앗긴 상태가 잠들고 깨어 있는 모든 순간에 영향을 미치고 경험을 빚는다는 것을 알고 있다. 둘 다 소득원을 둘러싼 일터의 일반적 문제뿐 아니라 사회적 재생산의 영역에서도 투쟁해야 한다고 주장한다. 두 사람의 주장은 이렇듯 공통점이 있으나 근간이 되는 이유와 맥락은 서로 다르다. 트리스탕의 주장은 산업자본주의의 특징이었던 극심한 혼란과 극빈에 반응한 것이고, 매칼레비의 주장은 서비스업의 지분이 커지고 그 덕에 공유된 정치적 투쟁(예를 들어 교사와 부모 간의)이 가능해진 상황에 반응한 것이다.

매칼레비는 노동조합이 해야 할 일은 얄팍한 동원이 아닌 깊은 조직화라고, 노동자들이 "삶을 모든 면을 급진적으로 바꾸도록" 영감을 주어야 한다고 주장한다.[12] 이는 노동조합운동이 점점 힘을 잃어가는 연약한 성과를 보호하고 유지하는 방어적 전략에서 벗어나, 아직 조직화되지 않은 일터로 방향을 틀어야 한다는 의미다. 매칼 레비는 대규모 참여 전략을 확장시켜서 새로 조직된 부문에서든 유서 깊은 조합을 지닌 부문에서든 더 많은 인력을 조합 협상에 포함시키라고 주장한다. 이는 전술적으로 중요하다. 노동자 운동의 기반이 되어야 하는 확장적 민주적 관계를 모델링하는 것도 마찬가지로 중요하다. 이는 과거에 노동조합운동이 평조합원을 무시하거나 심지어 배신함으로써 입힌 피해를 인정하고 해결하려 시도하는, 배상적 접근법으로 볼 수도 있다. 과거에 법적·사회적으로 숙련노동으로 분류되는 부문에서 그리고 조합과 젠더의 보다 넓은 관계 내에서 뼈아픈 배신이 있었다. 남성이 지배하는 조합들은 여성을 조합과 집단 협정에서 배제시켰고 고용주와 공모하여 여성 임금을 낮게 고정시켰으며 그들의 일을 '비숙련노동'으로 분류했다. 일례로 1970년 2월, 리즈에서 의류 공장의 여성 노동자들이 일터를 벗어나 임금인상을 요구하며 비공식 파업을 일으켰다. 파업은 한 달 동안 지속되었고 제일 격심했을 때에는 대략 2만 명의 노동자가 파업 중이었다. 그런데 파업의 규모와 혁신적 전술에도 불구하고—여성 노동자들은 여러 공장을 찾아다니면서 노동자들에게 파업에 참여하라고 격려하는 '플라잉 피켓' 시위를 벌였다—남성이 지배하는 전국 재봉사 및 의류노동자 연합National Union of Trailors and Garment Workers: NUTGW은 지원을 거부했으며 오히려 여성들에게 공장으로 복귀하라고 권했다.[13] 파업이 일어난 이유 하나는 이전 해 NUTGW

와 고용주 사이에 이루어진 의류 부문 최초의 전국 생산성 협정 때문이었다. 이 협정은 특히 여성의 저임금을 고정시키는 협약이었기에 여성 노동자들이 그토록 강한 감정을 표출한 것이다. 그럼에도 NUTGW는 성명을 발표해 "조합원 대부분에게 명백히 이로운 협정을 깨는 것은 노동조합운동이 대표하는 모든 것에 대한 부정"이라고 주장했다.[14]

　　남성의 노동조합 통제에 대응해, 일부 페미니스트들은 여성들이 노동조합에 가입하지 말아야 한다고—지금의 노동조합은 고쳐 쓸 수 없을 만큼 나쁘다고 주장했다.[15] 성차별적 보호주의의 잔재가 남아 있고 특히 '숙련'을 둘러싼 성차별이 존재함을 감안하면 이해할 수 있는 태도이긴 하지만 그렇다고 해도 이 접근법은 완전히 틀렸다. 노동조합은 하나의 조직이며 그 안에서도 투쟁이 일어나야 한다. 조합은 노동계급을 대표하지만 기계적으로 대표하는 게 아니라 정치적 투쟁과 정치적 논쟁을 통해 대표한다. 현재 노동조합은 플로라 트리스탕이 그랬듯 노동자와 분리되어 그 위를 맴돌고 있다. 트리스탕은 스스로 페미니즘적 메시아라고 이름 붙일 만한 존재가 되어 이 긴장을 탐색했다. 도덕적으로, 문화적으로 정화시키는 인물을 자처한 것이다. 대조적으로 매칼레비는 느리고 헌신적인 개입을 주장한다. 보통 사람들이 힘을 모아 더 큰 물결을 일으켜서 모두를 위해 더 나은 삶의 지평을 바라보고 노력하자는 것이다.

우리가 폭발하는 건

다른 정치운동에서와 마찬가지로, 일에도 '폭발' 지점이 있다. 더는 견딜 수 없는 순간이 온다. 상사의 모욕적인 요청, 지각과 같은 사소한 사칙 위반에 대한 옹졸한 비난, 고된 노동이 회사에는 이윤을 안겨주지만 자신에겐 거의 혜택이 돌아오지 않는다는 갑작스러운 깨달음. 요컨대 우리의 개인적 경험과 기반구조의 연결이, 사회의 권력관계가 극명해지는 순간이다. 그중에서도 문화이론학자 새러 아메드Sara Ahmed는 '페미니스트 폭발'에 대해 해로운 연결을 끊어내고 새로운 페미니즘적 관계를 향해가는 갑작스럽고 낙관적인 움직임이라고 이야기한다. 일과 계급의식에도 비슷한 움직임이 있다고 상상할 수 있다. 오늘날 이런 폭발을 설명할 수 있는 확실한 정치기구가 없는 페미니즘과 달리—현시대 페미니스트는 대개 홀로 폭발해서 독서에서 도피처를 찾는다—일터에서의 폭발은 노동조합을 통해 체험되어야 한다. 조합은 불평을 정치적 관심사로, 궁극적으로는 집단적 행동으로 변화시킬 수 있어야 한다. 조합이 행동을 조직할 때, 폭발은 하나의 거래가 된다. 노동자는 정치적이며 집단적이고 자신의 인생뿐 아니라 집단의 인생을 바꿀 수 있는, 단기적으로는 위험한 무언가에 들어가게 된다. 여러 조직들이 정치를 일하는 사람에게 행해지는 무언가가 아니라 보통 사람이 스스로 행하는 무언가로 변화시키고 있다.

노동조합은 지금까지 그랬듯 앞으로도 노동자의 이득을 쟁취하고 보호하며 노동계급의 힘을 키우는 데 핵심 역할을 담당할 것이다. 그러나 노동조합의 활동 범위에는 중요하게 짚어야 할 두 가지 제약이 있다. 첫째는 노동조합이 노동자만의 조직이라는 것이다. 일은 자본주의의 우세한 특징이자 이윤이 만들어지고 사람들이 자본주의의 모순과 관계를 체험하는 주된 제도다. 하지만 자본주의 아래에서는 일과 무관한 착취도 수없이 일어난다. 그중 주요한 것이 자기 부동산을 구입할 여유가 없는 이들에 대한 임대인의 착취다. 게다가 일이 없는 실업자들도 있다. 후자의 경우 유나이트Unite의 커뮤니티 계획, 1920년대의 전국 실업 노동자 운동, 1960년대와 70년대의 클레이먼츠 유니언Claimants Union처럼 노동조합에서 실업자들의 힘을 모아 조직해보려고 한 사례들이 있다. 실업률이 높아지면서 이런 움직임은 더욱 중요해질 것이다. 같은 맥락에서 노동조합은 에이콘ACORN(영국의 지역 사회 기반 조합 협회로서 지역 안전, 주거비용 등 사회적 이슈를 의제로 한다—옮긴이)이나 세입자 연합과 같은 공동체 조직계획에 힘을 보태고 협업해야 한다.

나는 셰필드니즈어페이라이즈Sheffield Needs a Pay Rise 조직가이자 에이콘 회원인 로언 콘Rohan Kon과 일터 안팎에서 노동계급의 힘을 키우는 것의 중요성에 대해 이야기를 나누었다.

조직화란 집단행동을 통해 유형의 변화를 일으킬 수 있는 리더십을 키우는 과정입니다. 어디서 일어나든 그렇지요. 일터와 더 넓은 공동체 사이에 거짓으로 선을 그으면 우리 삶을 인공적으로 구획화하게 되고 그로써 조직화의 해법을 임금, 근무시간, 주거, 공공서비스와 같은 개별 문제들로 한정짓게 됩니다.

우리 가족, 친구, 이웃 곁에서 싸우고 있는 저임금 노동자들의 공동체를 만들면 노동계급이 더 큰 것을 쟁취할 강한 힘을 키울 수 있습니다. 세필즈니즈어페이라이즈 운동과 에이콘이 선도하는 참신한 조직 모델이 착취당하는 노동자들의 새로운 세대를 조직화한다는 우리의 미션에 희망이 되어주고 있습니다.

노동조합 활동의 범위에 가해지는 두번째 제약은 에이콘과 다른 조직들이 깊은 조직화를 통해 해결하려 시도하고 있는 문제와 관련된다. 그 문제란, 영국에서 대부분의 노동조합 활동이, 레닌이 "노동조합 의식"이라고 이름 붙인 것 즉 조합, 고용주와의 싸움, 입법 통과의 중요성에 대한 믿음 이상으로 발전된 적이 없다는 것이다. 오늘날 노동조합 대부분은 이 기준조차 충족시키지 못하며 단지 소수의 일터에서 승리를 지켜내는 데에만 주력하고 있다. 이런 접근법에서는 각 일터를 둘러싸고 경계를 친다. 돌이켜보면 영국 노동조합이 가장 번영했던 시대에도 사회학자 휴 베이넌Huw Beynon은 그가 리버풀의 포드 공장에서 목격한 노동자들이 소위 "공장 계급의식"의 한계를 벗어나지 못한다고 우려했다.[16] 공장 계급의식은 계급관계를 일에 대한 통제 및 노동자와 상충하는 관리자와 고용주의 "권리"를 두고 "상사와 공장 내 노동자들의 갈등에서 즉각적으로 나타나는 것"으로만 생각하는 사고방식인데, 이것으로는 일터에서의 갈등조차 해결할 수 없다. "노동조합 활동은 그 자체로 자본주의적 기업의 존재 의의 자체를 바꿔놓는 데에는 분명히 역부족이기 때문"이다.[17]

그렇다고 해서 노동조합 활동가들이 개별 일터에서 벌이고 있는 고투가 무의미하다는 의미는 아니다. 노동조합의 조직률과 활동이 유의미한 부문에서 일한 경험이 있는 사람이라면 보호장치가 더 적은 부문에서는 하부가 얼마나 쉽게 떨어져나갈 수 있는지 알 것이다. 노동조합 유무에는 큰 차이가 있다. 그러나 노동조합 의식이나 공장계급 의식의 한계가 일의 피해를 줄일 능력에 한계를 긋는다. 구조적으로 일을 개선시킬 수는 있을지언정 완전히 변혁시킬 수는 없다는 점에서 그렇다. 일터의 노동자들에게는 권력이 별로 주어지지 않는다. 노동조합으로 결속했을 때조차 그들의 집단적 힘은 일반적으로 범위가 상당히 제한되어 있다. 조합과 고용주 사이에 이루어진 계약 및 협정에 부합하지 않는 관행을 막아낼 힘은 있을지 모른다. 그러나 이는 노동자들이 부당 해고에 대해 보호받거나 과로를 규제할 수 있다는 의미일지는 몰라도 일터의 일상적 운영에 대한 결정을 내릴 수 있다는 의미는 아니다. 일터의 운영은 대체로 관리자의 손에 또는 그들을 부분적으로 대체한 장치나 로봇과 같은 자동화 과정의 손에 달려 있다. 업무를 실제로 수행하는 사람과 업무를 측정하고 지시하는 사람의 분리야말로 온갖 종류의 절망과 상호 불신을 낳는 원천이다.

노동자들의 자기조직이 어떻게 일의 변혁을 이끌 수 있는지

보려면 더 나은 세상을 위한 꿈이 부분적으로 실현된 두 사례를 살펴보자. 노동자 통제에 관한 두 실험에서 핵심 논제는 단지 더 나은 급여나 근무조건을 얻어내는 것이 아니라 노동의 소유권, 심지어 노동의 배분 그 자체다. 첫번째 실험은 1871년 봄 파리 코뮌Paris Commune이다. 파리 코뮌은 노동자가 주도한 봉기로서 72일 동안 지속되었다.[18] 단지 생산뿐 아니라 사회생활 전체가 봉기의 목표였다. 참가자들은 대다수가 파리의 노동계급으로서 학자 크리스틴 로스Kristin Ross의 말을 빌리자면, 대부분의 시간을 "일하는 데가 아니라 일을 찾는 데" 보내는 이들이었다.[19] 그들은 교육을 지적 학습과 기술 학습의 조합으로서 전체적으로 젊은 정신을 계발시키는 것으로 재해석했다.[20] 교육에 대해 이렇듯 새로 이해하고자 한 것은, 생산에 대한 접근법에서와 마찬가지로 노동의 위계적 분할을 없애기 위해서였다. 파리 방어 및 부상자 지원을 위한 여성 연합에서는 이렇게 표현했다. "우리는 힘을 원하지만, 그 목적은 생산물을 지키기 위해서다. 더는 착취자도 주인도 없다."[21] 일터에도 같은 태도가 도입되었다. 코뮌이 제일 먼저 취한 행동 하나는 제빵사들이 싫어하던 야간 근무와 아동노동을 폐지하는 것이었다. 노동자들에게는 공장을 탈취하여 직접 운영할 힘이 주어졌고, 고용주들은 노동자에게 벌금을 부과할 수 없게 되었다.[22] 힘의 균형은 자기 자신의 삶을 스스로 바꾸고자 단결한 보통 사람의 편으로 확실히 기울어졌다. 맑스가 이 봉기에 대해 기록한 표현에 따르면 여기엔 변혁적 효과가 있었으며 노동 해방이 이루어졌는데, "모든 사람이 일하는 사람이 되고 생산적 노동은 더이상 계급의 특성이 아니게 되었"다는 의미였다.[23] 인간 생활에 대한 이러한 급진적 재해석이 맞게 된 귀결은 놀랍지 않다. 폭력과 억압으로 진압된 것이다. 프랑스는 1871년에 파리를 재탈환했고 그 과정에서 수천 명의 코뮌 참가자를 살해했으며 생존자는 유럽으로 뿔뿔이 흩어 보냈다. 그러나 파리 코뮌은 많은 참가자들의 삶을 근본적으로 바꿔놓았고 오늘날까지도 어떤 일이 가능한지 보여주는 등대 역할을 하고 있다.

　　노동자 통제에 관한 두번째 실험은 진압되거나 배반당할 기회조차 주어지지 않았는데 애초에 실현될 허가를 얻지 못했기 때문이다. 그 주인공은 루카스 계획Lucas Plan으로서 생산을 재해석하여 일자리를 보존하고 사회적으로 유용한 제품을 생산한다는 구체적인 상상이었다. 이는 군수물자를 생산하는 영국 회사 루카스 인더스트리즈Lucas Industries의 폐업위기와 경제위기에 대한 경영진의 예측 가능한 결정 ─슬로건 그대로 봉급을 삭감하고, 일자리를 줄이고, 상사만 돈을 버는─에 대한 대응으로 1975년에서 1976년 사이 노동자들이 지닌 생산과정에 대한 암묵적 지식을 이용하고 발전시켜 세워졌다. 모든 노동조합원은 설문지를 통해 자신이 무엇을 만들어야 한다고 생각하는지 답했다. 그로써 기존 설비와 노동자들의 현 기술을 이용해 만들 수 있는 150가지 제품의 아이디어가 상상되었다. 인공 신장, 휴대용 생명유지 장치와 같은 의료기기도 있었고 태양열, 풍력 발전과 같은 대안 에너지 기계도 있었으며 도로, 철도망을 둘 다 사용할 수 있는 도로 ─ 철도 차량과 같이 한결 색다른 것도 있

었다.[24]

루카스 계획은 1976년 1월에 발표되었고 무려 자유주의적 현상유지의 보루인 『파이낸셜타임즈Financial Times』를 포함해 각계각층에서 찬사를 받았다. 1979년에는 노벨 평화상 후보에 오르기까지 했다.[25] 그러나 경영진은 이를 진지하게 받아들이지 않았다. 당시 산업부 장관으로서 이 계획을 초기에 지지했던 토니 벤Tony Benn이 자리에서 물러난 것도 불리했다. 의회의 지원이 없고 경영진은 폐업 계획을 실행하기로 작정한 상황에서, 노동조합원들은 고립무원이었다. 민주적이고 친환경적인 상상은 그렇게 보류되었다. 노동자들의 암묵적 지식을 활용하는 이런 종류의 변혁적 상상은 생산의 방향을 무기와 환경 악화가 아닌 사회적으로 가치 있고 생명을 유지시켜주는 활동으로 돌릴 가능성을 제안한다.

파리 코뮌과 루카스 계획이 우리에게 환기시키는 메시지는 이것이다. 일터, 각 부문, 국가, 전 세계에서 노동계급이 정치적으로 더 잘 대표되어야 하는 건 단지 이상화된 개념들의 시장에서 노동자 권리를 더 잘 보장받기 위해서가 아니라 온 세상을 근본적으로 뒤엎기 위해서다. 힘을 키우는 것은 단지 바깥으로 목소리를 내거나 자기주장을 하기 위해서가 아니라 세상의 변두리를 맴도는 데 머물지 않고 세상을 아예 변화시킬 힘을 얻어내기 위해서다. 플로라 트리스탕부터 최근 노동조합의 승리에 영감이 되어준 사건들까지—웨스트던바턴셔의 의회 직원들이 노동조합 활동가들을 위해 시간을 할당해준 것, RMT가 거의 모든 철도(기차 및 부지의) 노동자들이 제대로 된 생활급을 받도록 한 것, 머지사이드의 캐멀레이드 조선소에서 급여와 근무조건을 지켜내면서 근무시간을 줄인 것, 런던 벡슬리 청소노동자들과 런던 콜밴 운전자들과 버밍엄 돌봄노동자들의 단체행동, 해링게이 돌봄노동자들이 일정 간 오가는 이동시간도 근무시간으로 인정받아야 한다는 유의미한 법적 승리를 쟁취한 것[26] — 단지 '더 나은' 일을 위해서가 아니라 더 나은 세상을 위해 한없이 확장하는 조합에 대한 연약한 희망은 몇 세기 동안 노동자들에게 활기를 불어넣었다. 과거에나 지금이나 이는 공유된 지평으로서 개별적 작업현장의 경계를 초월한다. 기후 위기로 인해 이 상상은 — 일터 내 민주주의와 일의 변혁에 대한 상상은 — 그 어느 때보다도 시급해졌다. 우리 행성은 지금 존재의 위기에 직면해 있다. 루카스 계획의 정신을 이어받아 일을 단지 보호하는 것을 넘어 민주화하기 위해 사회적으로 가치 있고 친환경적인 생산의 원칙을 도입해보자. 이것이 우리 앞에 펼쳐진 싸움에서 중요한 역할을 할 것이다.

9장

쉬는 시간:
일에 대한 저항

"직장을 옮기려는 게 아니야." 나는 설명을 시작했다가 그만두었다. "한동안 좀 쉬려는 거지. 일 년간 잠을 잘 생각이야."

_오테사 모시페그Otessa Moshfegh[1]

"어머니의 날에 내가 요구한 건 단 한 가지였다. 청소 도우미."

_제마 하틀리[2]

자본주의 체제에서는 대부분의 사람들이 일을 해야 한다. 그러므로 '그냥' 일하기를 거부한 가장 유명한 사람이 문학 속 인물이라는 건 놀랍지 않다. 그중에 잘 알려진 포스트 – 노동운동 슬로건의 창시자가 있으니 바로 허먼 멜빌Herman Melville이 만들어낸 인물 바틀비다. 1853년에 처음 출간된 멜빌의 단편 「바틀비Bartleby」에서 제목과 같은 이름을 지닌 필경사 바틀비는 본디 성실한 직원이었으나 어느 날 일을 하라는 상사의 지시에 "안 하는 편을 택하겠다I would prefer not to"라고 답한다. 그는 일하기를 거부하며 퇴근도 거부하고 결국은 교도소에 보내져 음식을 거부하다가 굶어 죽는다. 바틀비의 거부는 결국 죽음으로 이어지나 그의 정신은 사람들에게 영감을 준다. 해야 할 일을 그냥 하지 않는 건, "안 하는 편을 택하겠다"라는 완벽히 합리적인 발언을 하는 위업은, 자본주의적 관계에 존재하는 분위기로 인해 비합리적인 것이 된다.

그런데 바틀비의 거부는 지금까지도 애매하게 해석된다. "안 하는 편을 택하겠다"라는 말은 특정 행동에 대한 것일 수도 있고—바틀비의 경우 어떤 편지를 필사하지 않겠다거나 나 자신을 돌보는 데 필요한 노력을 기울이지 않겠다거나—구체적이거나 일반적인 모든 종류의 거부에 대한 것일 수도 있다. 이러한 애매성 덕분에 이 대사는 우리가 대안을 상정하지 않은 채로 우리 시대 일의, 나아가 우리 시대 삶의 일상적 고통을 부인할 수 있게 해준다.[3] 이 대사가 그토록 인기를 얻은 것도 당연하다—자본주의와 그에 딸려오는 잔인성은 받아들이기 어렵고, 대안은 우리가 이해할 수 있는 지평 너머에 있는 게 현실이니까.

인터넷에서 흔히 쓰이는 표현 "지친다"와 "못하겠다I can't even"에서도 비슷한 애매성이 발견된다. 두 표현 모두 무언가에 반대할 때 쓰이지만, 화자가 정확히 무엇에 지쳤으며 무엇을 못하겠는지에 대해서는 특정하지 않고 가능성을 열어둔다. 바틀비의 애매한 거부는 하나의 지침으로, 무언가를 하지 않겠노라 실제로 말하거나 말하는 것을 상상할 때에만 열리는 어떤 공간을 위한 문학적 대사로 기능할 수 있다. 그런데 그의 거부는 19세기 대도시에 사는 남성 사무직 노동자의 세계에서 일어나는 것이다. 그렇다면 우리 시대 자본주의에서 바틀비적 행동은 어떤 모습을 띨까?

리버풀대학의 미국 문학 강사인 해나 머리Hannah Murray는 오테사 모시페그의 2018년 소설 『내 휴식과 이완의 해My Years of Rest and Relaxtion』를 멜빌의 「바틀비」와 함께 읽을 만한 텍스트로 꼽는다. 밀레니얼 세대와 Z세대 독자들 사이에서 특히 인기를 얻은[4] 『내 휴식과 이완의 해』는 이름을 밝히지 않은 한 여성의 이야기를 들려준다. 날씬하고 젊고 와스프(백인, 앵글로색슨, 개신교도로서 미국 사회의 주류에 해당된다—옮긴이)로서 특권계층인 그녀는 한 해 동안 잠에 들기로 결정한다. 현대판 『잠자는 숲속의 미녀Sleeping Beauty』인가 싶겠지만, 이 이야기는 그 이상이다. 미심쩍은 수단을 동원해 손에 넣은 처방약을 연료로 삼은 긴 휴식은 독자들에게 매력적인 동시에 혐오스러운 탈출로, 일뿐만 아닌 모든 노력을 거부하는 환상으로 읽힌다.

머리는 내게 말한다. "화자는 바틀비와 마찬가지로 일과 지위, 우정, 기본적 욕구를 돌보는 즐거움을 거부합니다. 화자의 유일한 친구 리바는 모든 종류의 자기계발 지침을 열렬히 따릅니다. 젊은 여자들에게 '잠재력을 최대한 발휘하며 사는 법'을 가르친다는 명목으로 새로운 다이어트 기법에 경력개발과 연애 기술을 혼합한 내용이 주종을 이루는 자기계발서와 워크숍을 매우 좋아하는 인물이죠."[5] 주인공이 거부하고 있는 생활과 주관은 알고 보면 신자유주의가 강화시키고 있는 일종의 성취 패러다임이다.

'수면 애호가'를 자처하는 주인공은 한 해 동안 잠이 들기 전에도 직장에서 낮잠을 자는 습관이 있었다. 바틀비가 불응을 제안한다면 『내 휴식과 이완의 해』는 심히 피곤한 세상으로부터의 현실도피를, 일시적 퇴장을 제안한다. 위스컨신-매디슨대학에서 박사를 수료하고 학부생들에게 이 소설을 가르치는 에이미 게이타Amy Gaeta가 내게 말하길, 학생들은

> 화자는 혐오하지만 소설 자체는 아주 좋아하는 경향이 있습니다 …… 주인공에게 공감할 수 있다고 말하는 학생들도 있지만, 공감하는 느낌 자체가 불편하다고 하더군요. 저 자신도 그렇습니다. 주인공에게 약간의 질투를 느끼죠. 우리도 열심히 일하고 우리도 엄청나게 지쳤는데, 왜 우리는 1년 동안 쉴 수 없는 거죠?

공식적 일은 물론이요 애당초 끝이 없고 끝낼 수도 없는 자기계발까지 계속해나가는 노역으로 인해 우리가 느끼는 탈진은 급성이 아니라 만성이 되었다. 게이타는 그게 이 책이 많이 읽힌 이유일지 모른다고 생각한다. "이 책은 탈진을 보편적 상태로 간주하게 합

니다." 이 책은 우리의 시간이 우리의 것이 아닌 세상에서, 게이타의 말을 빌리자면 "모두가 탈진했고 아무도 잠들지 않는" 세상에서 "휴식, 이완, 수면, 심지어 깸이" 무엇인지 생각해보라고 우리를 도발한다.

『내 휴식과 이완의 해』의 개방성과 애매성은 지칠 대로 지친 나머지 뭘 하면 좋을지조차 모르는 사람들에게 매력적으로 다가갈 것이다. 주인공이 특권에 의해 휘두르는 잔인성이 짜릿한 것 역시 단순히 독자들에게 간접적 위반이라는 즐거움을 선사하기 때문만이 아니라 사회성이 이윤을 얻는 데 이용되는 방식을 공격하기 때문이다. 박사 연구원이자 『내 휴식과 이완의 해』의 팬을 자처하는 로빈 크레이그Robin Craig는 내게 말했다.

이 소설은 일이 흐트러지는 것을 보는 즐거움을 자극했습니다. 완전히 사치하는 기분이었죠. 현실도피도 그렇지만, 제가 좋은 사람이 되어야 한다는 생각으로 스스로에게선 애써 억누르는 건방짐과 남에 대한 판단을 주인공이 즐기고 심지어 수용하는 걸 보는 것 또한 어찌나 달콤하던지요.

1년을 쉬려면 상당한 재산이 필요하다. 대부분의 사람들은 인생 말년에나 이런 휴식을 감당할 수 있으며 그것도 국민연금과 수년간 해온 저축이 없으면 불가능할 테다. 게다가 일시적으로 스스로를 노동시장에서 굴착해낸 사람에게는 생활에 필요한 것들을 제공해줄 다른 누군가가 필요하다. 『내 휴식과 이완의 해』에서 이 일은 이민노동자들이 수행한다. 화자가 커피와 아이스크림, 깨어 있는 잠깐의 시간을 위한 자양물을 구매하는 식료품점을 운영하는 이집트 사람들. 휴식의 마지막 몇 달 동안 주인공이 그녀 삶의 사회적 재생산 기능의 통제권을 맡기는, 뉴욕 미술계를 조롱하는 인물인 미술 신동 핑시. 한 사람이 휴식을 취하고 일시적으로 임금노동을 탈출하려면 그의 욕구가 충족되도록 지원해줄 저임금 노동자 한 무리가 필요한 셈이다. 해나 머리가 『내 휴식과 이완의 해』를 일컬어 표현하듯 "몇 달 동안 일을 쉴 수 있는 물질적 자원을 보유하지 못한, 대체로 비백인인 저임금 노동자들의 도시에 기반시설 전체가 있다."

일에서 이렇게 도피하는 것 자체가 추가적인 착취에 의존한 사치다. 모시페그의 소설에 나오는 것만큼 긴 휴식은 물론 흔하지 않지만, 성찰과 의미의 회복과 재균형과 온갖 종류의 웰니스 방책을 약속하는 휴식은 기업이 제공하는 흔한 특전이다. 우수 인재들은 사이드 프로젝트에 집중하며 보람 있고 수익성도 있다고 생각되는 사업을 발전시킬 휴식기를 누린다. 무척 부유한 이들은 자기 선택에 의해 원할 때 일을 하거나 안 할 수 있고 노역과 소외가 아닌 의미와 보람을 느낀다. 그들의 잡일을 처리하고 세탁을 하고 그들을 차에 태워 기업 회의실에서 기업 휴식처로 데려다 주는 건 가난한—주로 여성이고 주로 이민자인—노동자 부대다. 미국 페미니즘의 두번째 물결에 속하는 자유주의 페미니스트 베티 프리단Betty

Friedan은 여성들에게 시간 문제를 해결하기 위해 일에 더 온전히 참여하고 그럼으로써 자아와 의미를 찾기 위해 가정부를 고용하라고 촉구했다.[6] 그런데 우리 사회와 같은 사회에서 시간에 대한 통제권을 얻는다는 건, 우리가 하는 일이 사라지거나 바뀌는 게 아니라 단지 누군가에게 떠넘겨진다는 의미다. 다른 사람에게, 보통 다른 여자에게, 사회적 힘과 거절할 능력이 우리보다 부족한 누군가에게.

일에 대한 첫번째 거부가 만들어내는 공백을 누가 채울지는 그 사회에서 사회적 재생산이 어떻게 이루어지는지에 따라 다르다. 헨리 데이비드 소로Henry David Thoreau의 경우를 생각해보자. 수필가 소로는 문명의 어둠에 대항하여 "신중하게 살기 위해, 오로지 삶의 본질적 사실들만을 직면하기 위해" 숲으로 이사했다. 그의 도피는—현대 생활의 부패적 영향에 대한 오래된 믿음과 그로부터의 탈출 욕구에 대한 특히 미국적인 응답이었다—그의 어머니가 빨래를 해주고 음식을 날라주었기에 가능했다.

가족 리얼리즘

조언 바풋Joan Barfoot의 1978년 소설 『입지 강화Gaining Ground』에서도 매일의 일상에 부재한 보람과 즐거움을 되찾을 배경으로 자연적 환경을 택했다. 이 소설은 노력의 부재가 아니라 오히려 노력을 통해 얻게 되는 페미니즘적 자주성을 모호한 목가적인 풍경으로 그려낸다. 이 자주성은 자연에서 온전한 노력을 기울여 획득한 자족성으로의 복귀를 통해 얻어진다. 주인공 에이브라는 남편과 두 아이를 두고 숲속 외딴 통나무집으로 들어가는 일종의 여성판 소로 다. 다만 그녀에겐 음식을 날라줄 사람이 필요 없다. 그녀는 스스로 음식을 만들며, 타인을 위해서는 요리하지 않겠노라 의식적으로 선택한다. "언제 기상하고, 요리하고, 빨래하고, 텔레비전을 보고, 신문을 읽고, 각종 행동을 할지" 알려주는 시계에 의해 지배되는 타인을 위한 삶을 뒤로하고[7] 그녀는 계절의 리듬에 지배받는 삶으로 향한다. 바풋은 가사에 대한 책임을 더 무겁게 분배받은 여성들에 겐 자신의 삶과 자아를 계발할 공간이 부족함을 보여준다. 남을 위해―아이를 위해, 남편을 위해―산다는 건 자신의 가능성을 유예한다는 의미다.

에이브라는 이런 도피에서, 자신을 위해 쌓아올린 고요한 삶에서 기쁨을 누린다. 허나 독자는 여러 해 전 어머니를 떠나보내고 이제 거의 성인이 된 에이브라의 딸이 어머니와 대면하는 대목에서 에이브라의 결정을 이기적이지 않다고 여기기가 어렵다. 자기 자신을 위해 고립된 자율성을 주장하는 데엔 이런 잔인성이 있다. 자신에게 제약을 거는 일을 거부하는 건, 그 일이 재생산하는 일이라면 그 일에 의존하고 있는 이들에 대한 지원을 중단하는 셈이 된다. 에이브라가 달아난 가족의 구체적 환경은―특권층인 부르주아 가정으로서 여성이 고립된채 거의 전적으로 돌봄을 담당하고 있는 환경은―근본적으로 제약이 있는 환경이다. 수년 뒤 딸이 찾아오자 에

이브라는 자신의 자율성이 약해지기 시작했다고 느끼며 딸이 "자신을 조금씩 깎아먹고 있다고" 주장한다. 사회적 필요와 돌봄의 필요가 일반적으로 가족 내에서, 보통은 오로지 가족 내에서만 충족될 수 있다는 건, 가족관계의 감정적 애착으로 인해 어머니의 퇴장이 더욱 필요해지는 동시에 복잡해진다는 의미다. 비슷한 맥락에서 시인 실비아 플라스Sylvia Plath는 이렇게 묘사했다.

> 남편과 아이들이 가족사진 속에서 미소 짓고
> 미소 짓는 작은 갈고리처럼 그들의 미소가 내 피부를 파고든다.[8]

『입지 강화』는 독자들을 불편한 지점으로 데려간다. 우리가 다른 많은 이들처럼 가족을 여성이 지닌 가능성의 지평에 인공적이고, 불공정하고, 불평등한 제약을 가하는 것으로 간주한다면 가족을 떠나는 선택을—그 구조를 개혁하려 시도하기보단 그저 퇴장하는 것을—합리화할 수 있다. 이는 쉽지 않은 제안이며 퇴장한다는 선택지가 있다는 것 자체가 특권임을 알기에 더욱 그러하다. 핵가족 형태는 그 자체로 제약적이고 사람을 미치게 하지만 여기에서도 소외된 이들이 많다. 이민자 여성, 북반구에서 다른 가정의 가사를 떠맡고 남의 아이를 돌보는 이민자 여성들은 폭력적이고 살인적인 국경제도에 의해 자신의 가족에서 분리되었다. 흑인 페미니즘 이론가들이 종종 지적했듯 역사적으로 흑인 여성의 삶이 지닌 특징은 가정생활을 폭력적으로 부정당했다는 것이다. 노동계급 여성들에게 일의 세계에 들어가는 것은 단 한 번도 선택이었던 적 없다.

핵가족으로부터의 퇴장은 흔하지 않다. 하지만 특히 페미니스트와 퀴어 활동가들은 가족을 재구성하려고, 새로운 공동생활 방식과 돌봄 구조를 상상하려고 시도해왔다. 여기서 짚고 넘어가야 할 사실은, 역사를 돌이켜볼 때 핵가족은 일탈이라는 것이다. 핵가족은 역사적으로 꾸준히 존재한 가족 유형이 아니라 오히려 이상한 유형이다. 그런데 우리가 먼 과거를 막연히 상상할 때 가족은 핵가족으로 그려진다. 아빠(일하는 사람), 엄마(일하지 않는 사람) 그리고 아이 두어 명. 핵가족의 자연화와 탈역사화는 자본주의 리얼리즘, 즉 자본주의에 대안이 없다는 주장과 비교함직하다. 페미니즘 학자 헬렌 헤스터Helen Hester는 두 역학의 형태적 유사성에 주목하여 특정 형태의 가정생활만이 유일하게 가능한 유형이라고 주장하는 현상을 '가족 리얼리즘family realism'이라고 칭한다. 60년대와 70년대의 짧은 시기 동안 가족 리얼리즘 또는 페미니스트 엘렌 윌리스Ellen Willis가 "가족 쇼비니즘family chauvinism"이라 부른 것에 하나의 균열이 생겨났다. 많은 이들이 코뮌 형태의 생활을 실험했고 새로운 육아 방법을 고안했다. 비공식적이고 자발적인 실험을 통해 여러 건물을 점유했고 여러 세대에 걸친 다양한 가정이 함께하며 학대가정에서 도망쳐온 여성 또한 보호받을 수 있는 코뮌을 키워내기도 했다. 더 낫고 새로운 프로그램에 대한 재정지원을 정부에 요구하는 경우도 있었다. 예를 들어 1974년에 여성 노동조합원들은 자신들의 요구를 담아 작성한 노동 여성 헌장Working Women's Charter에서 무상보육을 요구했다.[9] 여성해방운동 지역 지부에서 건물을 점거하여 공동 보육시설을 설치하고 사수하는 일도 있었다.[10] 더 나은 보육 등 사회서비스를 운영할 자금은 정부에서 대되, 운영은 사용자가 직접 하게 해달라고 요구하기도 했다. 사회운동과 노동운동의 주도로 가정 안팎에서 벌어진, 더 나은 노동조건을 위한 싸움에서 요구 사항은 노역을 종식시키고 모두에게 가능성을 열어달라는 것이었다. 덜 일하고 더 낫게 일하기 위한 싸움이었다.

그로부터 몇십 년이 지난 지금, 상황은 많이 달라졌다. 나는 가정 내 노역을 줄이라는 요구가 사라지지 않았다고, 단지 개인화된 신자유주의적 해법으로 대체되었을 뿐이라고 주장하고 싶다. 1980년대 이후 여성의 가사노동시간이 줄어든 것은 집단적 변혁이 아니라 아웃소싱과 구조적 불평등을 전제로 한 결과다.

가족 리얼리즘에서 가정생활은 건축 차원에서도 개별화되어 있다. 가족들은 각자의 집에 거주하며 그 안에서 구성원들의 가정 내 기능 대부분(학교와 노인 돌봄만이 예외다)이 일어난다. 이렇듯 공적 생활과 사적 생활이 분리된 탓에 자녀, 특히 영유아에 대한 돌봄은 더욱 고립된다. 가족 리얼리즘의 이러한 건축적 환경은 60년대와 70년대 실험정신으로 무장한 이들의 비판적 시선을 피하지 못했다. 1972년 니나웨스트홈즈Nina West Homes에서 리튼스턴에 지은 피오나 하우스Fiona House는 가정생활을 새로이 상상하려는 하나의 시도다. 한부모가정을 위해 설계된 이 주거시설에서는 아파트 여러 세대가 널찍한 공유 복도를 바라보고 있는데, 이 복도는 어린 아이들의 놀이공간으로 기능한다. 각 세대는 인터폰으로 연결되어 서로 소통하고 서로의 아이를 돌봐주기 쉽게 되어 있다. 이 설계 안에는 몇 가지 한계가 있다. 우선 어린아이를 둔 가정을 위한 설계라서 더 나이 많은 자녀가 쓰기엔 방 크기가 맞지 않고, 애초에 1년여만 거주하고 떠나는 과도기적 주택으로 의도되었다. 코뮌과 공동체에서 운영하는 보육시설을 위시한 더 몰입적인 실험에 비해선 변혁의 폭도 한정적이었다. 그럼에도 피오나 하우스는 각 가정이 완전히 분리된 단위라는 관념을 가정의 생애주기에서 특정한 시기 동안 일시적으로나마 깨뜨릴 수 있었다. 이런 환경은 많은 가정에게 이득이 되며, 심지어 콧대 높고 기업 친화적인 보수당 지지자들에게도 매력적이다—보육료를 낮추고 싱글맘들이 일터로 복귀하도록 도우므로. 하지만 현재는 이런 설계도 거의 남아 있지 않다.

돌봄의 사슬

가사노동에 쓰는 시간을 줄이려는 실험들은 무엇으로 대체되었을까? 80년대에 좌파는 다수의 전선에서 패배를 겪었을 뿐 아니라 내부적으로 가족 쇼비니즘에 회귀하기도 했다.[11] 번영과 여러 흥미진진한 대안에 대한 믿음으로 부상한 60년대와 70년대의 낙관주의는 가라앉았다. 그러나 가사노동시간을 줄이는 것에 대한 여성들의 관심은 줄어들지 않았다. 오히려 갈수록 더 많은 여성이 직업시장에 뛰어들면서 '두번째 근무'에 쓰는 시간을 줄일 필요는 더욱 심화되었다. 가사노동의 일부는 남성의 몫으로 떨어졌다. 1965년 미국에서 평균 여성이 주당 가사노동에 쓰는 시간은 30시간이었으나, 2010년에는 16.2시간으로 줄었다. 1965년에 평균 남성이 주당 가사노동에 쓰는 시간은 4.9시간에 불과했으나, 2010년에는 10시간으로 늘었다.[12] 1965년 영국에서 평균 여성은 매일 가사에 3.65시간을 쓴 반면, 남성은 24분을 썼다. 2005년에는 가사에 쓰는 시간이 각각 2시간과 0.8시간이 되었다.[13] 노동을 덜어주는 기구와 기술들은—레토르트 식사, 냉동식품, 전자레인지 등은—특히 식사 준비시간을 줄여주었다. 포장음식의 부상과 식사의 격식에 대한 기대치 조정 역시 이런 변화에 기여한다. 현재 가사노동은 많은 경우에 효과적으로 아웃소싱되어 낮은 급여를 받는 노동자들의 몫이 되었다. 가정에 입주하여 일하는 하인은 제1차세계대전 이래 급감하여 오늘날엔 드물어졌지만, 영국 내에서나 세계적으로나 불평등이 심해진 시기에 가정 내 노동자의 수는 증가했다. 이민노동자를 저렴하게 고용하기 쉬워진 결과, 점점 많은 수의 가정이 가사노동의 유의미한 부분을 아웃소싱하고 있다. 2004년에 영국에서는 열 가정 중 한 가정이 어떤 형태로든 가사를 돌봐줄 사람을 고용했다. 주로 아이돌보미나 청소도우미였다.[14] 그로부터 고작 10년이 지난 지금은 세 가정 중 한 가정이 청소도우미를 쓴다고 보고한다. 부유한 가정에서 가사를 유급으로 아웃소싱할 가능성이 더 높지만, 연소득 2만 파운드 미만인 저소득 가정도 넷 중 하나가 주기적으로 어떤 종류든 가사도우미를 고용하고 있다.[15] 수많은 청소도우미, 아이 돌보미, 오페어au pair(외국 가정에 입주하여 가사를 돌보고 숙식을 제공 받는 사람으로 주로 젊은 여성이다—옮긴이)들이 저렴한 가사노동과 보육을 제공하고 있는 것이다. 청소 산업은 대략 70만 명을 고용하여 대략 81억 파운드의 매출을 올리고 있다.[16] 이 부문에 고용된 인구수는 2010년부터 2015년 사이에 10% 증가했다.[17]

여성들은 영국 내의 불평등과 세계적 불평등 덕분에 원치 않는 가사노동에 참여하는 것을 부분적으로 피할 수 있다. (주로 중산층 여성에게 해당되는 경우지만, 노동계급 여성의 비율도 점차 늘어나고 있다.) 불평등은 가정 내 돌봄 및 다른 사회적 재생산 노동을 맡을 저렴한 노동자 인력 풀을 만들어낸다. 이들 노동자의 다수가 여성이다. 노령의 여성도 일부 있는데 주로 빈곤하게 생활하는 이들이다.[18] 실은 청소노동자의 5분의 1 가량이 55세 이상이다.[19] 젊은 축에 속하는 이민노동자들은 젠더를 막론하고 돌봄과 재생산 부문의 일을 여럿 떠맡고 있다—음식 배달, 가정 및 공공공간 청소, 노인 및 환자 돌봄까지. 이러한 이민의 패턴은 "전 지구적 돌봄의 사슬"이라고도 불리는데, 가사에 대한 싫증, 국가의 복지 삭감, 맞벌이를 해야 하는 재정적 상황이 모종의 조합을 이룬 결과 앨리 혹실드가 설명한 "유·무급 돌봄노동에 의해 전 세계 사람들 사이에 만들어진 일련의 개인적 연결고리"가 탄생한 것이다.[20] 이민자 여성이 최초의 돌봄 공백을 채우지만 그로써 그녀가 떠나온 나라에 새로운 공백이 생긴다. 전형적인 예는 "어느 가족의 아이를 돌보기 위해 부자 나라로 이민을 간 여자의 아이를 돌보기 위해 어머니가 일하는 동안 동생들을 돌보는 가난한 가족의 장녀"다.[21]

청소도우미를 고용하는 것의 윤리성에 대해서는 주기적으로 논쟁이 벌어진다. 그런데 이 싸움이 가장 첨예하게 맞붙는 지점은 전형적으로 남성의 것으로 여겨지는 가사를 대개 빗겨간다. 예를 들어 정원사를 고용하는 것에 반대 주장을 펼치는 이는 별로 없다. 그 이유 하나는 가정 청소가 극도의 불평등을 전제로 하며 유독 착취적인 성격을 띠기 때문이다. 또한 청소라는 일의 보다 내밀한 성격 때문이기도 하며, 여성이 살림을 즐기거나 즐겨야 마땅하다는 가정이 아직 잔존하기 때문이기도 하다. 코로나19 락다운 초기에 저명한 신문 칼럼니스트 몇 사람이 건강에 심한 위협을 감수하면서까지 누군가에게 자기 집 청소를 맡길 권리를 옹호하고 나섰다. 그 근거는 의아한 페미니즘이었다. 요컨대 가사노동을 아웃소싱하지 않으면 여성들이 가사노동 대부분을 떠맡게 된다는 것이었다.[22] 그렇다면 고용된 가사돌보미들은 여성이 아닌지 반문하지 않을 수 없다. 저널리스트 오언 존스Owen Jones가 청소도우미를 고용한 이들이 고용인들의 안전에 대해 무신경한 태도를 취하고 있다고 비판했을 때, 그는 성차별주의자라고 비난받았다. 그를 비판한 사람들은 여성에게 청소를 하는 자연적 임무나 성향이 있다는 생각에 맞서는 거라고 주장했으나, 그들 주장의 결론은 다른 여성이 ─다시 말해 더 가난하고 주로 이민자인 여성이 ─자기 뒤처리를 해주는 건 괜찮다는 소리였다. 가정적 여성상의 제약을 탈출하는 것은 그들 개

195

인의 특권이지, 모든 여성이 공유하는 지평이 아니었다.

잠재적으로 보다 유용할 수 있는 건 청소도우미를 고용하는 이들이 ─특히 스스로 페미니스트로 간주하는 이들이 ─무엇을 지불해야 하는가를 둘러싼 논쟁이다. 철학자 아리안 샤비시^{Arianne} Shahvisi는 "사람들이 청소를 아웃소싱하는 주된 이유가 시간을 절약하기 위해서라면, 청소도우미에게 그 시간의 가격을 지불해야 할 것"이라고 주장했다.[23] 많은 이들이 청소도우미의 평균 시급인 12파운드보다 높은 시급을 받으므로, 샤비시의 말을 따르면 청소부의 시급이 크게 인상될 것이다.[24] 샤비시는 청소도우미의 시간에 자신의 시간과 동등한 가치를 매겨야 한다는 것 외에도, 모든 부문에서 근무시간을 바꾸어 모두에게 충분한 재생산 노동을 할 시간을 주고 남성들도 공평한 몫을 분담해야 한다고 주장한다. 이 두 가지 목표는 잠재적으로 유용한 반면, 개별 가정의 지평 너머로 확장되지는 않는다. 그보다 더 중요한 건, 공동체에 대한 공급을 늘림으로써 재생산 노동의 양 자체를 줄이자는 주장이다. 제2차세계대전중 세워졌으며 전쟁이 끝나고 자연히 사라진 국영 "영국 레스토랑 British Restaurant(집이 폭격 당했거나 배급 쿠폰이 떨어졌거나 여타 이유로 도움이 필요한 이들을 위해 세워진 공유주방 ─옮긴이)"에 대한 에세이에서 리베카 메이 존슨^{Rebecca May Johnson}이 그린 것과 같은 일종의 구내식당을 상상해볼 수도 있다.[25] 이 식당은 모든 이에게 열려 있으며 근무조건도 식사 환경도 괜찮다. 현재의 가정 모델에서 비롯되는 재생산 노동의 중복을 줄이는 집단적 생활방식에 대한 지원과 보편적 보육을 상상할 수도 있다. 여성의 저임금 고착과 이민노동자 착취 덕분에 가능해진 값싼 노동력의 존재는 기술혁신의 발전을 저해한다. 어떤 일을 하는 데 걸리는 시간을 줄이거나 없애주는 기술을 개발하는 것보다 누군가를 착취하는 게 더 저렴할 테니 말이다. 실제로 양차대전 사이 영국에서는 하인 고용이 쉬웠기 때문에 가전제품의 발전과 난방 및 요리에 전기와 가스를 사용하는 변화가 지연되었다.[26] 오늘날 가정 내 쓰이는 기술의 발전은 값비싼 사치품을 만들어내거나, 세탁기의 다이얼을 수동에서 자동으로 바꾸는 등의 사소한 업데이트에 불과하다. 실로 기술의 많은 새로운 '혁신'이 착취가 용이한 저렴한 노동력 풀의 존재에 달려 있다―예를 들어 미국의 한 스타트업에서 개발한 스마트 냉장고는 우유가 떨어졌다고 알리는 것을 넘어 낮은 시급의 긱 노동 플랫폼인 인스타카트Instacart에서 우유를 주문할 수 있게 해준다.[27]

타인을 고용해 가사노동을 대신하게 하는 것이 페미니즘에 부합하는지 여부를 논하는 질문은 핵심을 비껴간다. 가사노동을 아웃소싱하는 것은 가사노동의 많은 부분이 처량한 노역이며 다수의 근골격계 문제를 유발할 수 있음을 인정하는 반응일 뿐이다.

가사노동 논쟁이 처음 시작된 이래 수십 년 동안 여성들은 온갖 방식으로 가사노동을 거부해왔다. 처음에 그 방식은 실험적이었고, 가사노동시간을 줄여줄 공동체 및 국가의 지원을 기대했다. 이윽고 남성이 서서히 가사를 좀더 분담하는 새로운 가정 내 관습이 퍼져나갔다. 그러나 1980년대에 반동적 백래시가 일어나며 이런 실험들은 중단되거나 재정지원을 잃고 아웃소싱되었다. 한때 공동체에서 설립하여 공동 운영했던 보육시설들은 지금 근무조건이 형편없는 다국적 대기업이 운영한다. 보육시설의 84%가 사적으로 운영되는 실정이다.[28] 가정 내의 가사노동도 비슷한 그림에서 벗어나지 못한다. 가사노동의 요소들은 사회화되지 못했다. 심각한 세계적 불평등을 전제 조건으로 하는 서비스 및 돌봄노동시장이 가사와 일을 재구성하려는 시도의 자리를 빼앗았다. 유급이든 무급이든 일에서의 탈출은 공백을 남긴다. 시장 사회에서 그 공백은 주로 시장의 반응으로 채워질 것이다. 많은 개인들이 자신이 하는 일의 양을 줄이려고 노력해왔다. 그러나 좀더 거시적으로 일을 변혁시키고자 한다면 다른 접근법이 필요할 것이다. 군건한 공동체 제도를 설립하고 60년대와 70년대에 노동 거부를 가능하게 한 공유된 번영을 쌓아올리기 전에는, 일에 대한 저항은 더 나은 삶을 살 수 있는 소수의 개인에게나 의미가 있을 뿐 모두에게 더 공정한 결과를 가져다주지는 않을 것이다.

결론: 일을 하기 위해서

성공적인 사회주의운동의 임무는 사실과 조직의 임무인 만큼
느낌과 상상의 임무일 것이다.

_레이먼드 윌리엄스Raymond Williams

일은 한 방향으로 통하지 않아
우리 모두 모든 방향에서 힘껏 삽질해야
그래야 무너뜨리지

_다이앤 디 프리마Diane di Prima

일의 문제에 관해 우리는 무엇을 해야 할까? 이 책에서 설명했
듯 일의 문제는 단순히 특정한 유형의 더 나은 일자리에 더 공정한

접근권을 얻는 것에 관한 문제가 아니다. 자본주의 체제의 일은 노동자가 자신이 하는 일에 대한 통제권을 갖지 못하도록 설계되어 있고, 그렇게 설계되어야만 한다. 대다수의 사람들에게 일은 기대한 것과 달리 자기표현을 할 수 있는 실행 가능한 수단이 아니라 자유에 대한 모욕이다―우리 삶을 갉아먹는 무언가다. 자본주의는 언제나 새로운 변경邊境을 찾아내야 하고 이윤을 보존해야 하므로, 점점 더 많은 사람들이 자본주의적 생산관계에 더 깊이 연루되고 그에 수반되는 권력관계에 빠져든다―노동자 사이의 관계, 고용주와의 관계 그리고 노동자를 감시하는 관리자와의 관계에.

　자본주의 체제에서 일은 불평등을 기반으로 삼고 불평등을 재생산한다. 오늘날 영국과 같이 빈부격차가 심해지고 있는 사회에서, 아직 남아 있는 몇 개의 '좋은' 일자리에 대한 '더 공정한' 접근을 논한다는 건 한 가지 근본적인 사실을 무시하는 셈이다. 운 좋게 '좋은' 일자리를 얻는 사람보다 그러지 못하는 사람이 언제나 훨씬 많다는 사실 말이다. 일의 문제를 다루려면 극소수가 천장을 뚫기 쉽게 만드는 것보다 바닥 자체를 높여야 할 것이다. 직장에서의 최소 기준을 높이고 노동조합운동에 힘을 실어주고 새로이 활기를 불어넣어서 그 기준이 유지되고 지켜지는지 확인하자. 이것이 자본주의에서 일하며 겪을 수 있는 최악의 경험에서 우리를 보호해주고 유의미한 변화를 만들어낼 것이다. 그런데 이런 유형의 변화가 온전히 논쟁의 힘으로 일어날 리는 없다. 더 깊고 심오한 수준에서 조직화가 필요할 것이다.

바닥을 상향조정하면 변혁적 효과가 따르리라. 0시간 계약에서 겪게 되는 스케줄 독재가 끝날 것이다. 일상의 수모에 맞서기가 더 쉬워질 것이다. 이리저리 흩어진 근무 스케줄의 쉬는 시간을 한데 몰아 일하지 않는 시간을 확보할 수 있을 것이다. 그러나 그렇다고 해서 자본주의 일의 근본적 문제가 해결되진 않을 것이다. 자본주의를 견고히 뒷받침하는 소유와 권력의 관계는 그대로일 것이다. 이 관계에 맞서는 건 두 가지의 실존적 염려로 인해 더욱 시급해진다. 하나는 기후 위기고, 다른 하나는 노동 수요 정체로 일자리가 줄어드는 현실이다.

기업과 정부는 끔찍한 피해를 야기할 걸 알면서도 아직도 화석연료 기반시설에 투자하고 있다. 다가오는 몇십 년 동안, 지구야 불타든 말든 근근이 수익을 짜낼 작정인가 보다. 이건 현재에 국한된 문제가 아니다. 재생에너지보다 화석연료에 대한 투자가 더 크게 이루어지고 있는 이상, 우리 모두 다가올 수십 년 동안 극도로 위험한 경로를 택할 수밖에 없다. 화석연료 기반시설에 투자하는 기업이나 정부는 투자수익을 얻으려 들텐데, 그 수익이 모두의 미래를 담보하고 있다. 요컨대 말 그대로 지구를 파괴하고 있는 업무에 대해 더 나은 최소 기준을 요구하는 것만으로는 불충분하다.

현재 경제는 저임금 서비스 업종 일자리만 뱉어내고 있는 것처럼 보인다. 게다가 코로나19가 서비스 부문의 재정에 미친 영향으로 인해 그 일자리들마저 위험에 처해 있다. 2020년 11월에 청년(18-24세) 실업률은 이미 14.6%로 뛰었고, 2020년 3월에서 11월 사이에만 75만 개 이상의 일자리가 사라졌다. 그런데도 실업은 여전히 정치적, 구조적 문제가 아니라 개인의 실패로 여겨지고 있다. 다가오는 몇 년은 높아지는 실업률과 불완전 고용의 위기로 특징지어질 것이다. 일자리가 전체적으로 줄어들고 각 일자리에서 일할 수 있는 시간도 줄어들 것이다. 자본주의에서 일의 문제를 해결하고자 한다면 이 두 개의 폭풍을 다루어야 한다.

현재 영국 좌파는 두 번의 역사적 패배의 그늘 아래에 있다. 우선 최근의 패배는 2015 – 2019년에 자유민주당을 통해 영국 국가의 막강한 권력을 가동시키려 한 시도가 실패로 돌아간 것이다. (1988년에 사회민주당과 자유당의 합당으로 탄생한 현재의 자유민주당은 한동안 중도좌파 노선을 걷는 영국의 제3정당으로서 입지를 굳히고 있었으나 2015년 총선에서 참패했다—옮긴이) 첫번째와 마찬가지로 심오했던 두번째 패배는 1990년대에 시작되어 이번 세기까지 이어지고 있는, 조직화된 노동계급 단체의 파괴였다. 우리는 아직 이 두 번의 패배의 여파에 살고 있다. '여파에in the wake of'라는 표현은 흔히 숙어로 쓰이기 때문에 우리는 그 안에 내포된 폭력과 격동에 무감각해졌다. 그런데 여파란 배가 지나갈 때 남기는 어지럽고 사나운 물결 또는 허리케인이 지나간 뒤의 파괴를 말한다. 좌파는—좌파의 조직과 제도와 구성원과 우리 모두는—두 패배의 여파에 휘말려 붙잡을 것 하나 없이 위험한 물속에 빠져서 수면 위로 머리를 내놓으려 바둥거리고 있다.

패배의 여파에 있다는 역사적 상황으로 인해, 이론을 만들고 전략을 세우고 찬찬히 검토하는 것이 더욱 필요하면서도 어려운 일이 되었다. 현재 우리 상황은 행동하기에 최적의 조건은 아니다. 그러나 바로 그 조건으로 인해 전보다 더 크고 심오한 규모의 행동이 필요해진다. 첫번째로 내디뎌야 할 중요한 발걸음은 해체되거나 닳은 것을 재건하는 임무다. 다시 기반을 다지고 노동계급이 힘을 발휘하게 할 제도를 새로 만드는 것은 길고 지난한 작업이다. 전에 만들었던 것의 기반 위에 정확히 기존의 선을 따라 만들어지는 것도 많겠지만, 전과 다른 형태를 띠고 실험을 필요로 하는 것도 있을 것이다.

자본주의를 자본주의로 만드는 기저의 관계는 변하지 않았으나 그 관계가 체험되는 방식은 변했다. 노동계급의 힘을 모으는 전략을 포기해야 한다는 뜻은 절대 아니다. 다만 이 운동에 진입할 잠재적인 입구는 바뀔지도 모른다. 대다수의 노동자들이 서비스 부문에 고용되어 있으니 산업자본주의 시대와는 다른 압박점을 찾고 새로운 동맹과 전술을 개발해야 할 것이다.

조직화되지 않은 산발적 접근을 이야기하는 건 아니다. 단지 전술과 전략에 개방적인 태도를 취하여 새로운 방향을 찾고, 그것들을 비판적으로 평가하고 실험하자는 이야기다. 자본주의 체제의 일에 대해서는 갖가지 해법이 제안되어 왔다. 직업 보장, 노동자의 공장 소유, 노동자의 공장 운영, 보편 기본소득, 보편 기본서비스, 완전 자동화, 일의 논리나 일의 윤리에서 일상을 해방시키려는 시도까지. 특정한 처방을 내리거나 하나의 선명하고 진정한 길이 있다고 주장하고 싶지는 않다. 일의 유해성의 중심에는 고용주와 직원의 권력관계가 있으므로 내가 가장 동조하고 싶은 건 소유권의 변혁에서 비롯되는 변혁이다. 하지만 가장 유용한 건 혼용적인 전술 조합일 것이다. 우리의 목표는 단순히 권력이나 요구사항을 쟁취하는 게 아니라 일을 탈자연화하는 것이다.

탈자연화는 무언가가 영속적이고 변하지 않는 '자연스러운' 것이 아니라 역사적으로 우연한 권력관계의 집합일 뿐임을 똑똑히 보여준다. 자본주의와 자본주의 아래에서의 일은 이미 우리의 욕망과 선호를 깊은 부분부터 빚었다. 그러므로 자본주의의 일에 대항한 의식, 계급의식은 자연히 나타나지 않고 계발될 필요가 있다. 개별적 일자리나 상사 개인에 대한 널리 퍼진 절망을 상사와 일이 포함된 전체 시스템에 대한 좌절로 번역해내는 것이 이런 종류의 의식이다.

자본주의의 경계 내에서 일을 개선시키고 일에 도전하는 유망한 방법 하나는 자기 시간의 통제권을 급진적으로 요구하는 것이다. 지나친 간섭과 0시간 계약에 딸려 오는 근무 스케줄에 대한 독재와 가짜 자영업에서 벗어나, 일할 때에도 우리의 시간은 우리의 것이라고 요구하는 것이다. 이런 요구는 전통적 일터 바깥에서도 더 많은 자유시간에 대한 요구로 확장될 수 있다. 우리는 다른 방식으로 함께 존재하고 살아갈 시간을 달라고 요구할 수 있다. 한편으로는 지속 가능한 공동체의 장소를 만들자. 사회적 재생산의 요소들을 사회화시키고 민주적으로 운영하는 공공서비스도 좋겠다. 이는 일상의 시간을 정치화하여, 일상에서 자본주의 체제의 일이 지닌 논리를 무효화할 방법이 될 것이다. 이런 사회적 제도가 존재한다면 더 많은 자유시간이 단순히 더 '자유로운' 소비시간이 아니라 인간의 협동과 즐거움을 위한 새로운 가능성으로 충만한 시간을 의미할 것이다.

결론에서 험한 날씨의 은유를 사용한 것은 변화를 불가능한 것처럼 묘사하기 위해서가 아니라 우리가 처한 상황을 또렷한 시선으로 보여주기 위해서였다. 좌파 운동은 이론상으로나 현실에서나 심한 난관에 처해 있고 위기는 깊어지고 있다. 현재 위험에 처한 것은 우리 삶의 통제권만이 아니다. 우리 집단의 운명이, 우리가 공유하는 자유와 즐거움이 전부 위험에 처해 있다. 자본주의 체제의 일에 결부되는 치욕, 소소한 잔인성, 착취, 절망이 없는 미래는 실현 가능하다. 싸워서 쟁취할 가치가 있으리라.

미주

서문: 일의 환상

1. https://www.hse.gov.uk/statistics/tables/index.htm

2. 코로나19 진단검사에 쓰이는 의료용 면봉을 운반하는 회사조차 직원에 대한 형편 없는 대우로 빈축을 샀다. 다음 기사를 참고할 것. https://news.sky.com/story/coronavirus-major-uk-testing-company-broke-health-and-safety-laws-at-height-of-pandemic-12087248

3. http://www.pirc.co.ukwp–contentuploads202009PIRC_sector_food_processing
   * 접속 불가

4. 같은 글.

5. 예를 들어 달링턴의 EE 콜센터 직원들은 2020년 3월에 직장에 복귀하라는 압박을 받았다. 다음 기사를 참고할 것. https://www.thenorthernecho.co.uk/news/local/darlington/18341404.coronavirus-please-help-us-plead-darlington-ee-call-centre-staff-working-pandemic

6. https://www.opendemocracy.net/en/oureconomy/dont-buy-the-lockdown-lie-this-is-a-government-of-business-as-usual

7. https://www.ons.gov.uk/peoplepopulationandcommunity/healthandsocialcare/causesofdeath/bulletins/coronaviruscovid19relateddeathsbyoccupationbeforeandduringlockdownenglandandwales/deathsregisteredbetween9marchand30jun2020

8. https://www.bbc.com/news/uk-52219070

9. https://www.bl.uk/britishlibrary/~/media/bl/global/business-and-management/pdfs/non-secure/w/a/g/wage-inequality-and-employment-polarisation-in-british-cities.pdf

10. 같은 글.

11. Alex Wood, Despotism and Demand (Ithaca, NY: Cornell University Press, 2020).

12. 이 주제에 대한 유익한 토론은 다음 책을 참고하라. The Work Cure ed. David Frayne (Monmouth: PCCS Books, 2019).

13. https://www.theguardian.com/politics/2013/jan/08/strivers-shirkers-language-welfare

14. https://www.theguardian.com/politics/2018/jan/16/ben-bradley-under-fire-for-blogpost-urging-jobless-people-to-have-vasectomies

15. https://www.bbc.com/news/uk-46104333

16. https://blogs.lse.ac.uk/politicsandpolicy/benefit-sanctions-mental-health

17. https://www.theguardian.com/society/2016/jan/08/maximus-miss-fitness-to-work-test-targets-despite-spiralling-costs

18. https://www.ft.com/content/d50bd4ec-7c87-11e9-81d2-f785092ab560

19. David Graeber, Bullshit Jobs: a theory (Penguin, 2018). 국내에는 다음 역서로 소개되어 있다. 데이비드 그레이버(김병화 옮김), 『불짓 잡』, 민음사, 2021년.

20. https://www.theguardian.com/money/2016/aug/09/england-one-in-three-families-one-months-pay-losing-homes-shelter-study

21. https://www.indy100.com/news/dettol-ad-office-tube-work-benefits-9703071

22. https://yougov.co.uk/topics/politics/articles-reports/2017/08/03/love-wage-balance-how-many-brits-their-job-and-the

1장 일, 자본주의 그리고 자본주의적 일

1. Bertolt Brecht, 'How future ages will judge our writers', trans. Tom Kuhn & David Constantine, in The Collected Poems of Bertolt Brecht, (New York & London: W.W. Norton, 2018), p. 752.

2. https://thebaffler.com/latest/this-brand-is-late-capitalism-connolly

3. 의류업계에 고용된 사람의 85%가 여성이다. 다음 기사를 참조하라. https://

waronwant.org/news-analysis/sweatshops-bangladesh

4. https://www.fashionrevolution.org/usa-blog/how-much-garment-workers-really-make

5. Kassia St Clair, The Golden Thread (London: John Murray, 2019), p. 13. 국내에는 다음 역서로 소개되어 있다. 카시아 세인트 클레어(안진이 옮김), 『총보다 강한 실』, 월북, 2020년.

6. Anne Carson, If Not, Winter: Fragments of Sappho (New York: Vintage, 2003), p. 203.

7. Kassia St Clair, The Golden Thread, pp. 25–6.

8. Elizabeth Wayland Barber, Women's Work: The First 20,000 Years (New York & London, W.W. Norton & Company, 1994), pp. 23–4.

9. Kassia St Clair, The Golden Thread, p. 16.

10. 같은 책, p. 172.

11. Nancy L. Green, Ready to Wear and Ready to Work (Durham and London: Duke University Press, 1997), p. 38.

12. 같은 책, p. 23.

13. Ashok Kumar, Monopsony Capitalism (Cambridge, UK: Cambridge University Press, 2020), p. 68.

14. Nikolaus Hammer and Réka Plugor, 'Disconnecting Labour? The Labour Process in the UK Fast Fashion Value Chain', Work, Employment and Society 33, no. 6, December 2019, pp. 1–16, 6.

15. 같은 글, p. 10.

16. Karl Marx, Capital vol 1 (London: Penguin, 1990), p. 875. 국내에는 『자본』 또는 『자본론』이라는 제목으로 여러 역서가 출간되었다.

17. https://viewpointmag.com/2014/09/02/the-political-economy-of-capitalist-labor

18. https://www.theatlantic.com/politics/archive/2015/09/a-look-inside-angola-prison/404377

19. Ellen Meiksins Wood, The Origin of Capitalism (London & New York: Verso, 2017), p. 94.

20. https://aflcio.org/sites/default/files/2017-03/CSReport.pdf

21. Kumar, Monopsony Capitalism, p. 45.

22. https://www.theguardian.com/business/2020/oct/13/uk-redundancies-rise-covid-unemployment-rate-furlough-scheme

23. https://www.theguardian.com/commentisfree/2016/dec/12/mark-carney-britains-car-wash-economy-low-wage-jobs

24. https://publications.parliament.uk/pa/cm201719/cmselect/cmenvaud/981/981.pdf

25. Alexandra Armstrong, 'The Wooden Brain: Organizing Untimeliness in Marx's Capital', Mediations 31.1, Fall 2017, pp. 3 – 26, 7.

26. https://www.ilo.org/global/about-the-ilo/newsroom/news/WCMS_627189/lang--en/index.htm

27. Studs Terkel, Working (New York: Ballantine Books, 1974), p. XIII. 국내에는 다음 역서로 소개되어 있다. 스터즈 터클(노승영 옮김), 『일』, 이매진, 2007년.

2장 '일'에 맞서기

1. Marx, Capital, p. 717.

2. Virgine Despentes, King Kong Theory (London: Fitzcarraldo, 2020), p. 55. 국내에는 다음 역서로 소개되어 있다. 비르지니 데팡트(민병숙 옮김), 『킹콩걸』, 마고북스, 2007년.

3. Marx, Capital, Chapter 26, p. 873.

4. 같은 책, p. 279.

5. https://www.bl.uk/sisterhood/articles/womens-liberation-a-national-movement 다른 세 가지 주요 요구(동등 임금, 동등 교육 및 직업 기회, 자유로운 피임과

원할 때 언제든 낙태)는 현재 부분적으로 또는 전부 이루어졌다.

6. Angela Y. Davis, Women, Race & Class (London: Penguin Classics, 2019), p. 201. 국내에는 다음 역서로 소개되어 있다. 앤절라 Y. 데이비스(황성원 옮김), 『여성, 인종, 계급』, arte, 2022년.

7. 같은 책, p. 209.

8. 이에 관한 토론은 다음을 참조하라. Katrina Forrester, 'Feminist Demands and the Problem of Housework', American Political Science Review, https://www.cambridge.org/core/journals/american-political-science-review/article/feminist-demands-and-the-problem-of-housework/C1D5C3C56730CA16C9E3C4315E0639BA

9. Silvia Federici, Revolution at Point Zero (Oakland: PM Press, 2012), p. 16. 국내에는 다음 역서로 소개되어 있다. 실비아 페데리치(황성원 옮김), 『혁명의 영점』, 갈무리, 2013년.

10. 같은 책, p. 1.

11. 영국 법에서는 직원employee과 노동자worker를 구별하는데, 둘 다 기업에 의해 고용되나 사측의 법적 책임이 다르다. 1996 고용권리법 참조: https://www.legislation.gov.uk/ukpga/1996/18/part/XIV

12. Andrea Dworkin, 'Prostitution and Male Supremacy', Michigan Journal of Gender and Law, Volume 1, Issue 1, 1993, pp. 1–12.

13. Juno Mac & Molly Smith, Revolting Prostitutes (London & New York: Verso), pp. 3–4. 국내에는 다음 역서로 소개되어 있다. 몰리 스미스, 주노 맥(이명훈 옮김), 『반란의 매춘부』, 오월의봄, 2022년.

14. 같은 책, p. 7.

15. 같은 책, p. 218.

16. https://iwgb.org.uk/en/post/landmark-legal-victory-opens-door-to-worker-rights-for-uk-foster-carers

17. https://www.theguardian.com/technology/2016/oct/28/uber-uk-tribunal-self-employed-status

18. https://www.bbc.com/news/business-56123668

19. https://www.theguardian.com/commentisfree/2020/nov/12/uber-prop-22-law-drivers-ab5-gig-workers

20. https://www.unison.org.uk/news/2020/09/government-urged-act-major-minimum-wage-win-homecare-workers-says-unison

21. 정치이론가이자 정신사학자 카트리나 포레스터[Katrina Forrester]는 이 과정을 '일의 스 며듦'으로 표현했다.

22. https://www.theatlantic.com/family/archive/2018/11/arlie-hochschild-housework-isnt-emotional-labor/576637

3장 새로운 일의 역설

1. Huw Benyon, Working for Ford (Wakefield: EP Publishing LTd., 1975), p. 18에서 재 인용

2. 'On the Line', Ronald Fraser (ed), Work: Twenty Personal Accounts (Harmondsworth: Pelican: 1968), pp. 97 – 8.

3. 같은 책, p. 12.

4. 같은 책, p. 150.

5. Richard Sennett, The Corrosion of Character (New York & London: Norton, 1999), p. 99.

6. David Harvey, A Brief History of Neoliberalism (Oxford: Oxford University Press, 2005), pp. 2–3, 87–90, 91–3. 국내에는 다음 역서로 소개되어 있다. 데이비드 하 비(최병두 옮김), 『신자유주의』. 한울아카데미, 2007년.

7. Byung–Chul Han, Psycho–Politics (London and New York: Verso, 2019), p. 3. 국 내에는 다음 역서로 소개되어 있다. 한병철(김태환 옮김), 『심리정치』, 문학과지성사, 2015년.

8. https://blog.trello.com/self-care-for-productivity

9. Lynne Pettinger, What's Wrong with Work? (Bristol & Chicago: Policy Press, 2019), p. 99.

10. Catherine Casey & Petricia Alach, '"Just a Temp?" Women, temporary employment and lifestyle', Work, Employment & Society, vol. 18, no. 3, September 2004, pp. 459‒90.

11. Lynne Pettinger, What's Wrong with Work?, p. 100.

12. https://www.tuc.org.uk/news/four-five-jobs-created-june-2010-have-been-low-paid-industries

13. https://www.ft.com/content/2ce78f36-ed2e-11e5-888e-2eadd5fbc4a4

14. Lynne Pettinger, What's Wrong with Work?, p. 107.

15. https://www.theguardian.com/commentisfree/2017/aug/21/universities-broke-cut-pointless-admin-teaching

16. Mark Fisher, Capitalism Realism (Winchester: Zero Books, 2009), p. 41. 국내에는 다음 역서로 소개되어 있다. 마크 피셔(박진철 옮김), 『자본주의 리얼리즘』, 리시올, 2018년.

17. 같은 책.

18. https://weownit.org.uk/public-solutions/support-public-ownership

19. https://fullfact.org/economy/how-much-does-government-subsidise-railways

20. https://www.bbc.com/news/business-54232015

21. https://www.instituteforgovernment.org.uk/publication/report/government-procurement; https://www.instituteforgovernment.org.uk/sites/default/files/publications/IfG_procurement_WEB_4.pdf

22. https://www.theguardian.com/business/2018/jul/09/carillion-collapse-exposed-government-outsourcing-flaws-report

23. Fraser, Work, pp. 294‒5.

4장 일은 우리 개인에게 무엇을 하는가?

1. Edouard Louis, Who Killed My Father (London: Harvill Secker, 2019), p. 79.

2. https://www.bbc.com/news/stories-50986683

3. https://oem.bmj.com/content/58/1/68

4. Callum Cant, Riding for Deliveroo (Cambridge: Polity Press, 2019), p. 54.

5. https://www.hse.gov.uk/statistics/industry/construction.pdf

6. https://www.hse.gov.uk/statistics/industry/health.pdf

7. Karen Søgaard, Anne Katrine Blangsted, Andrew Herod & Lotte Finsen, 'Work Design and the Labouring Body: Examining the Impacts of Work Organization on Danish Cleaners' Health' in Cleaners and the Dirty Work of Neoliberalism, Luis L.M. Aguiar and Andrew Herod, (Oxford: Blackwell Publishing, 2006), p. 150.

8. Michael Hardt and Antonio Negri, Empire (Cambridge, MA: Harvard University Press, 2000). 국내에는 다음 역서로 소개되어 있다. 안토니오 네그리, 마이클 하트(윤수종 옮김), 『제국』, 이학사, 2001년.

9. http://www.usdaw.org.uk/CMSPages/GetFile.aspx?guid=b9406bec-93b2-44b3-b6f0-25edd63e137c

10. https://www.telegraph.co.uk/finance/china-business/7773011/A-look-inside-the-Foxconn-suicide-factory.html

11. ONS(2014). Full Report: Sickness Absence on the Labour Market, February 2014. 웹아카이브에서 접속 가능.

12. https://openaccess.city.ac.uk/id/eprint/20071/1/avgoustaki_frankort_ILRR.pdf

13. https://www.tuc.org.uk/news/workers-uk-put-more-ps32-billion-worth-unpaid-overtime-last-year-tuc-analysis

14. https://www.theguardian.com/commentisfree/2020/feb/13/unpaid-electronic-labour-right-disconnect

15. 같은 글.

16. https://www.askamanager.org/2016/04/our-boss-will-fire-us-if-we-dont-sign-

up-to-be-a-liver-donor-for-his-brother.html

17. https://www.theverge.com/2019/4/25/18516004/amazon-warehouse-fulfillment-centers-productivity-firing-terminations

18. https://homintern.soy/posts/wemachines.html

19. Marmot MG, Smith GD, Stansfeld S, Patel C, North F, Head J, White I, Bruner E, Feeney A., 'Health inequalities among British civil servants: the Whitehall II study', Lancet, 337, 1991, pp. 387 - 93.

20. 이런 사실을 어떻게 해석할지에 관한 유익한 토론은 다음 책을 참조하라. Dan Swain, Alienation (Bookmarks, London: 2012), pp. 65 - 6.

21. https://www.gov.uk/government/publications/health-matters-health-and-work

22. Karl Marx, Economic and Philosophic Manuscripts of 1844 (Amherst, NY: Prometheus Books, 1988), p. 124.

23. https://www.theguardian.com/business/2020/feb/07/uk-live-poverty-charity-joseph-rowntree-foundation

24. http://calumslist.org

25. Richard Sennett and Jonathan Cobb, The Hidden Injuries of Class (New York & London: Norton & Company, 1993), p. 171.

26. Mareile Pfannebecker, J. A. Smith, Work Want Work (London: Zed Books, 2020), p. 30.

27. Kerry Hudson, Lowborn (Random House: eBook, 2019).

28. Arlie Hochschild, The Managed Heart (Berkeley & New York: University of California Press, 2012), p. 35. 국내에는 다음 역서로 소개되어 있다. 앨리 러셀 혹실드(이가람 옮김), 『감정노동』, 이매진, 2009년.

29. 같은 책, p. 54.

5장 직업화의 국가: 놀이가 진지한 일이 될 때

1. https://www.instagram.com/p/B6ZsjxiAvF-

2. Anna Katharina Schaffner, Exhaustion: a History (New York: Columbia University Press, 2016), pp. 87–90.

3. 같은 책, p. 96.

4. 유명한 사례를 샬럿 퍼킨스 길먼^{Charlotte Perkins Gillman}의 단편소설 「누런 벽지The Yellow Wallpaper」에서 찾을 수 있다.

5. Schaffner, Exhaustion, p. 124.

6. https://www.psychologytoday.com/gb/blog/high-octane-women/201104/overcoming-burnout

7. https://icd.who.int/browse11/l-m/en#; https://id.who.int/icd/entity/129180281

8. Schaffner, Exhaustion, p. 216.

9. Theodor Adorno, Minima Moralia (London and New York: Verso, 2005), p. 130. 국내에는 다음 역서로 소개되어 있다. 테오도르 아도르노(김유동 옮김), 『미니마 모랄리아』, 길, 2005년.

10. Adorno, Minima Moralia, p. 138.

11. https://assets.henley.ac.uk/defaultUploads/PDFs/news/Journalists-Regatta-Henley_Business_School_whitepaper_DIGITAL.pdf

12. https://www.ofcom.org.uk/__data/assets/pdf_file/0024/149253/online-nation-summary.pdf

13. Mareile Pfannebecker & James A. Smith, Work Want Work (Zed Books, London, 2020), p. X.

14. Richard Seymour, The Twittering Machine (London: The Indigo Press, 2019), p. 23.

15. Didier Eribon, Returning to Reins (Penguin, London, 2019), pp. 46–7. 국내에는 다음 역서로 소개되어 있다. 디디에 에리봉(이상길 옮김), 『랭스로 되돌아가다』, 문학과지성사, 2021년.

16. https://neu.org.uk/press-releases/neu-survey-shows-widespread-funding-and-

workload-pressures-school-support-staff

17. https://www.timeshighereducation.com/features/participation-rates-now-we-are-50/2005873.article

18. https://www.if.org.uk/wp-content/uploads/2016/07/Graduate_Premium_final.compressed.pdf

6장 일은 사회에게 무엇을 하는가?

1. 'Logistic Workers of the World: A Conversation with Agnieszka Mróz of Amazon Workers International', Logic Magazine, 11, 2020, p. 92.

2. https://www.businessinsider.com/why-im-never-buying-an-apple-computer-again-2018-11?r=US&IR=T

3. https://gizmodo.com/apples-war-on-upgrades-continues-with-the-new-touch-bar-1789002979

4. Gerald A. Cohen, Why not Socialism? (Princeton: Princeton University Press, 2009), p.34.

5. 같은 책, p. 35.

6. https://edition.cnn.com/style/article/doomsday-luxury-bunkers/index.html

7. https://www.bitchmedia.org/article/parents-surveil-nannies-erode-trust

8. 몇몇 주에서는 침실, 화장실과 같은 사적 공간에서의 촬영은 허가되지 않는다.

9. https://www.common-wealth.co.uk/publications/data-and-the-future-of-work

10. https://www.nursingtimes.net/news/coronavirus/covid-19-death-rate-significantly-higher-in-social-care-workers-11-05-2020

11. https://www.bbc.com/news/uk-england-manchester-16844478; https://www.theguardian.com/society/2019/jan/17/glasgow-council-women-workers-win-12-year-equal-pay-battle; https://www.bbc.com/news/uk-england-birmingham-24383352

12. https://www.theguardian.com/society/2017/jul/03/damning-government-report-shows-scale-of-public-sector-pay-cuts

13. Pat Ayers, 'The Making of Men: Masculinities in Interwar Liverpool', in Margret Walsh, ed., Working out Gender (Ashgate, Aldershot and Brookfield, 1999), p. 67.

14. Joan W. Scott, Gender and the Politics of History (New York: Columbia University Press, 1999, eBook)

15. Barbara Ehrenreich and Arlie R. Hochschild, Global Woman: Nannies, Maids, and Sex Workers in the New Economy (London: Granta, 2003), p. 192.

16. Lucy Delap, Knowing their Place; Domestic Service in Twentieth – Century Britain (Oxford: Oxford University Press, 2011), p. 17.

17. Angela Davies, 'The Approaching Obsolescence of Housework', Women, Race, and Class (New York: Vintage, eBook), p. 214. 국내에는 다음 역서로 소개되어 있다. 앤절라 데이비스(황성원 옮김), 『여성, 인종, 계급』, arte, 2022년.

18. Hannah Landecker 'Antibiotic resistance and the biology of history', Body & Society, vol. 22, no. 4, 2016, pp. 19–52, p. 25.

19. 같은 글, p. 32.

20. https://who.int/globalchange/summary/en/index5.html * 접속 불가

21. https://jacobin.com/2020/10/ende-gelande-climate-justice-movement-nonviolence

7장 유령과 게으름뱅이: 일터에서의 저항

1. https://www.bbc.com/news/technology-50835604

2. https://www.bbc.com/news/world-europe-35557725

3. https://www.independent.co.uk/life-style/50-ways-of-slacking-off-at-work-a8137436.html

4. E. P. Thompson, 'Time, Work–Discipline, and Industrial Capitalism', Past &

Present, no. 38, 1967, pp. 56–97, p. 86.

5. https://www.bbc.com/news/business-38828581

6. 같은 글.

7. 스킬즈 포 케어^{Skills for Care}의 자료다. https://www.skillsforcare.org.uk/Adult-Social-Care-Workforce-Data/Workforce-intelligence/documents/State-of-the-adult-social-care-sector/The-State-of-the-Adult-Social-Care-Sector-and-Workforce-2021.pdf; https://www.skillsforcare.org.uk/Adult-Social-Care-Workforce-Data/Workforce-intelligence/publications/national-information/The-state-of-the-adult-social-care-sector-and-workforce-in-England.aspx

8. 이런 역할들은 때로 '기술이 별로 필요하지 않은' 것으로 일컬어지지만 이런 분류는 오해를 일으킬 수 있다. 예를 들어 돌봄노동이나 소매노동에는 분명 많은 기술이 필요하다. 그러나 이런 일자리에 진입할 때 의무교육이나 사람들이 일반적으로 가진 기술(예를 들어 운전 기술) 외에 추가적 훈련은 거의 필요하지 않다.

9. Cant, Riding for Deliveroo, p. 59.

10. Jamie Woodcock, Working the Phones (London: Pluto Press, 2016), p. 21.

11. 같은 책, p. 7.

12. https://tribunemag.co.uk/2019/05/blacklisting-a-british-tradition

8장 힘을 합치기: 조직된 노동과 노동자들의 꿈

1. Marie M. Collins, Sylvie Weil–Sayre 'Flora Tristan: Forgotten Feminist and Socialist', Nineteenth–Century French Studies, Summer 1973, vol. 1, no. 4, Summer 1973, pp. 229–34, p. 233.

2. G.D.H. Cole, Socialist Thought, the Forerunners (London, Macmillan & Co, 1953), p. 186.

3. Karl Marx & Friedrich Engels, The Communist Manifesto (London: Penguin, 2002), p. 229. 국내에는 『공산당 선언』 등의 제목으로 여러 차례 번역 소개되었다.

4. Henry Pelling, A History of British Trade Unionism (Houndsmill, Basingstoke, Hampshire & New York, Palgrave Macmillan, 1992), p. 23.

5. https://assets.publishing.service.gov.uk/government/uploads/system/uploads/attachment_data/file/887740/Trade-union-membership-2019-statistical-bulletin.pdf

6. Len McCluskey, Why you should be a trade unionist (London and New York: Verso, 2019), p. 6.

7. https://assets.publishing.service.gov.uk/government/uploads/system/uploads/attachment_data/file/887740/Trade-union-membership-2019-statistical-bulletin.pdf

8. https://assets.publishing.service.gov.uk/government/uploads/system/uploads/attachment_data/file/887740/Trade-union-membership-2019-statistical-bulletin.pdf

9. https://www.tuc.org.uk/blogs/trade-union-membership-rises-100000-single-year-challenges-remain

10. https://twitter.com/ucu/status/1324746790613241856

11. https://www.ft.com/content/4613a279-e2ac-40f0-a515-0350003b9e31

12. Jane McAlevey, No Shortcuts (Oxford: Oxford University Press, 2016), p. 66.

13. Liz Leicester, 'The 1970 Leeds' clothing workers' strike: representations and refractions', Scottish Labour History Society Journal, 44, 2009, pp. 40 – 55, pp. 41 – 2.

14. 같은 글.

15. 예를 들어 다음 글을 참조하라. Selma James, 'Women, the Unions and Work, Or, What Is Not To Be Done', Radical America, vol. 7, no. 4 – 5, 1973.

16. Huw Benyon, Working for Ford, p. 98.

17. 같은 책, p. 104.

18. Kristin Ross, Communal Luxury (London & New York: Verso, 2016), p. 1.

19. 같은 책, p. 3.

20. 같은 책, p. 43.

21. 같은 책, p. 28.

22. Karl Marx, Civil War in France (Peking: Foreign Languages Press, 1970), p. 78.

23. 같은 책, p. 72.

24. https://www.redpepper.org.uk/a-real-green-deal/

25. https://www.theguardian.com/science/political-science/2014/jan/22/remembering-the-lucas-plan-what-can-it-tell-us-about-democratising-technology-today

26. https://morningstaronline.co.uk/article/west-dunbartonshire-reps-hit-back-against-snp-councils-attacks-facility-time; https://www.rmt.org.uk/news/rmt-secures-massive-low-pay-victory; https://www.bbc.co.uk/news/uk-england-merseyside-42690268; https://tribunemag.co.uk/2020/08/how-the-bexley-bin-workers-won; https://iwgb.org.uk/en/post/5c4f26006ea6a; https://magazine.unison.org.uk/2020/09/29/the-best-of-trade-union-empowerment-the-story-behind-a-decisive-homecare-legal-victory

9장 쉬는 시간: 일에 대한 저항

1. Ottessa Moshfegh, My Year of Rest and Relaxation (New York: Random House, 2018), p. 55. 국내에는 다음 역서로 소개되어 있다. 오테사 모시페그(민은영 옮김), 『내 휴식과 이완의 해』, 문학동네, 2020년.

2. https://www.harpersbazaar.com/culture/features/a12063822/emotional-labor-gender-equality

3. 이런 애매성에 대한 논의는 다음 책을 참고하라. Žižek, The Parallax View (Cambridge MA: MIT Press, 2006). 국내에는 다음 역서로 소개되어 있다. 슬라보예 지젝(김서영 옮김), 『시차적 관점』, 마티, 2009년.

4. https://www.vice.com/en/article/jge4jg/want-to-read-more-during-the-

lockdown-join-our-corona-book-club

5. Moshfegh, My Year of Rest and Relaxation, p. 15.

6. Kathi Weeks, The Problem with Work (Durham, NC & London: Duke University Press, 2011), p. 173. 국내에는 다음 역서로 소개되어 있다. 케이시 윅스(제현주 옮김), 『우리는 왜 이렇게 오래, 열심히 일하는가?』, 동녘, 2016년.

7. Joan Barfoot, Gaining Ground (London: The Women's Press, 1992), p. 23.

8. 'Tulips', Sylvia Plath, Collected Poems (London: Faber, 1981), p. 160. 국내에서는 다음 역서에 수록되어 있다. 실비아 플라스(박주영 옮김), 『실비아 플라스 시 전집』, 마음산책, 2022년.

9. Sarah Stoller, 'Forging a Politics of Care: Theorizing Household Work in the British Women's Liberation Movement', History Workshop Journal, 85, 2018, pp. 96 – 119, p. 104.

10. Christine Wall, 'Sisterhood and Squatting in the 1970s: Feminism, Housing and Urban Change in Hackney', History Workshop Journal, 83, 2017, pp. 79–97, p. 83.

11. Sheila Rowbotham, 'Propaganda for domestic bliss did not only come from the right. "Left–wing" sociologists stood firm on the sanctity of the family', Woman's Consciousness, Man's World (London: Pelican, 1977), p. 4.

12. https://ncbi.nlm.nih.gov/pmc/articles/PMC4242525

13. https://www.demographic-research.org/volumes/vol35/16/35-16.pdf

14. http://news.bbc.co.uk/1/hi/uk/3824039.stm

15. https://www.dailymail.co.uk/news/article-3516617/One-three-families-pay-cleaner-35s-drive-trend-hiring-domestic-help.html

16. https://www.equalityhumanrights.com/sites/default/files/the_invisible_workforce_full_report_08-08-14.pdf

17. http://bache.org.uk/resources/Pictures/1701%20BCC%20Industry%20 *접속불가

18. https://www.theguardian.com/society/2019/aug/18/elderly-poverty-risen-fivefold-since-80s-pensions

19. http://bache.org.uk/resources/Pictures/1701%20BCC%20Industry%20 * 접속 불가

20. Arlie Hochschild, 'Global Care Chains and Emotional Surplus Value' in Hutton, W. and Giddens, A. (eds) On The Edge: Living with Global Capitalism (London: Jonathan Cape, 2000), p. 131.

21. 같은 글.

22. https://amp.spectator.co.uk/article/the-underlying-sexism-of-the-conversation-about-cleaners-and-covid

23. https://mediadiversified.org/2018/09/07/pay-your-cleaner-what-you-earn-or-clean-up-yourself

24. https://inthewash.co.uk/cleaning/how-much-do-cleaners-charge-uk

25. https://dinnerdocument.com/2019/04/30/i-dream-of-canteens

26. Lucy Delap, Knowing Their Place (Oxford: Oxford University Press, 2011), p. 117.

27. https://www.vice.com/en/article/qjd8vq/gig-economy-now-making-workers-organize-groceries-in-rich-peoples-fridges

28. https://novaramedia.com/2020/09/17/big-business-is-muscling-in-on-the-uks-nursery-racket

노동의 상실

좋은 일자리라는 거짓말

1판 1쇄 2023년 4월 3일
1판 2쇄 2023년 12월 27일

지은이 어밀리아 호건
옮긴이 박다솜

책임편집 박영서
편집 심재헌 김승욱
디자인 최정윤 조아름
마케팅 김도윤 정민호 박치우 한민아 이민경 박진희 정경주 정유선 김수인
브랜딩 함유지 함근아 고보미 박민재 김희숙 박다솔 조다현 정승민 배진성
제작 강신은 김동욱 이순호

발행인 김승욱
펴낸곳 이콘출판(주)
출판등록 2003년 3월 12일 제406-2003-059호
주소 10881 경기도 파주시 회동길 455-3
전자우편 book@econbook.com
전화 031-8071-8677(편집부) 031-955-2689(마케팅부)
팩스 031-8071-8672

ISBN 979-11-89318-39-0 03300